KB129237

메이킹 필름북

TENET

메이킹 필름북

TENET

크리스토퍼 놀런이 펼치는
양자역학 냉전의 뒷이야기

저자 | 제임스 모트럼

열음말 | 존 데이비드 워싱턴

맺음말 | 케네스 브래나

문학수첩

CONTENTS

열음말

존 데이비드 워싱턴

내가 처음 본 크리스토퍼 놀런의 영화는 〈배트맨 비긴즈(Batman Begins)〉(2005)이다. 배트맨의 광팬인 나는 그 영화를 보고 충격에 빠졌다. 이후에 〈메멘토(Memento)〉(2000)를 보고는 더 큰 충격에 빠졌다. 주말 동안 쉬지 않고 여러 번 봤던 기억이 난다. 당시 난 완전히 중독됐다. 하지만 훗날 이런 사람과 함께 작품을 만들게 될 줄은 꿈에도 몰랐다.

〈테넷(Tenet)〉 팀의 연락을 받았을 때, 즉 크리스가 나를 만나고 싶어 한다는 사실을 알았을 때 나는 승리감을 느꼈다! 크리스의 영화에 국한되지 않은 영화 전반에 대한 나의 사랑을, 영화가 내 인생에서 어떤 의미를 지니는지를 그와 나눌 수 있게 돼서 설렜다.

〈테넷〉을 촬영하는 동안 나는 조지 워싱턴 카버가 한 말을 계속해서 떠올렸다. "일상적인 일을 일상적이지 않은 방식으로 한다면 세계로부터 주목받을 것이다." 이 말은 〈테넷〉을 만드는 과정, 즉 이 경험에 대한 나의 인상이다. 크리스는 즉흥성을 좋아한다. 그는 매번 다르게 할 수 있는 능력을 높이 산다. 그는 창작의 과정에 동료의 본능을 끌어들이는 것을 좋아한다.

기술적으로 봤을 때 그는 역대 최고의 감독 중 한 명이다. 그러나 〈테넷〉 작업을 함께 해 보니, 내가 그의 영화에 공감하고 공명하는 이유는 이야기를 전달하는 그의 탁월한 능력에 있다는 걸 깨달았다. 그는 연기를 보는 것을 즐긴다. 그는 진심으로 자신이 고용한 배우들을 바라보는 것을 즐긴다. 그는 자신이 철두철미하게 알고 있는 이야기에 생명을 불어넣는 이 작업에 배우들이 동참하기를 원한다.

나는 그 어디에서도 크리스 놀런 영화의 촬영장과 비슷한 곳을 본 적이 없다. 그의 현장은 응집력 있고, 창의적이며, 함께 일한 스태프의 지식과 경험이 생생히 느껴지는 곳이다. 나는 그 현장의 가족 같은 분위기로 내 주린 배를 채웠다. 늘 서로에 대한 사랑과 존중하는 마음, 허물없는 우정이 느껴졌다. 그들은 모두 같은 이유로 그곳에 있었다.

결투 장면을 찍을 때였다. 우리의 촬영감독인 호이터 판 호이테마는 초집중 상태로 촬영에 임하고 있었다. 그런데 내가 실수로 두어 번 그를 발로 찼다. 내가 "죄송합니다!"라고 했는데 그는 "계속해요! 걱정 말고!"라고 말하고는 촬영을 멈추지 않았다. 나에겐 너무나 기억에 남는 순간이다. 그렇게 우리는 모두 영화에 깊이 빠져 있었고, 늘 설렜다.

〈테넷〉 같은 영화를 본 사람은 아무도 없다. 이건 말하자면 당신이 가장 좋아하는 뮤지션이나 음악 프로듀서가 수년에 걸쳐 만든 여러 장의 앨범을 하나로 섞을 수 있는 레시피를 개발한 것과 마찬가지다. 그렇게 자신이 흠뻑 취해 만든 앨범을 통해 자신의 길로 안내하고, 자신의 예술 세계로 초대하는 것이다.

〈테넷〉은 영화, 이야기, 영화적 경험을 사랑하는 이들을 위한 작품이다. 크리스는 여러분에게 이렇게 말했다. "내가 그동안 했던 게 이거예요." 그리고 모두에게 보여 준다. "내가 앞으로 갈 지점이 여기예요." 어쩌면 이런 말을 하는 건지도 모른다. "여러분은 아직 아무것도 못 봤습니다." 정말 난 그렇게 느낀다. 이건 일종의 투석기 같은 영화다. 내가 앞으로 10년간 여러분과 함께할 여정의 시작이다. 그래서 난 너무 신난다. 사람들이 이 영화를 봤으면 좋겠다.

John David Washington

500
RUBO

CHAPTER 1

시 작

"당신의 미래는 과거에 있어."

— 닐

시간 왜곡의 개념이 도입된 스파이물 〈테넷〉은 크리스토퍼 놀런이 감독 생활을 하는 내내 머릿속에서 숙성시킨 작품이다. "〈테넷〉에는 오랫동안 생각해 온 특정 이미지들과 콘셉트들이 있어요." 감독의 설명이다. "구체적으로 설명하면 벽에서 총알이 튀어나오면서 두 개의 타임라인이 교차하는 거죠. 20년 전부터 이리저리 구상해 온 이미지예요."

"〈인셉션〉과 비슷하지만 복잡하죠."

— 닐로 오테로

이러한 아이디어와 이미지는 놀런의 〈메멘토〉 시절을 떠올리게 한다. 오스카 후보에 올랐던 감독의 두 번째 작품인 〈메멘토〉는 성폭행 후 살해당한 아내의 복수를 하는 기억상실증에 걸린 보험 조사관의 이야기다. 시간을 거슬러 가는 구조 속에서, 놀런은 순차적 구조를 띠지 않는 영화의 가능성을 마음껏 실험했다. 그런 그의 실험은 〈인셉션(Inception)〉(2010)과 〈인터스텔라(Interstellar)〉(2014)에서도 계속된다.

열한 번째 연출작인 〈테넷〉에서 작가, 감독, 프로듀서를 겸임한 놀런은 스토리텔링의 한계를 실험했다. 거꾸로 날아가는 총알과 교차하는 타임라인. 놀런의 오랜 협업자이자 아내이기도 한 프로듀서 에마 토머스는 이 키워드들이 그들이 만든 "의심할 여지 없이 가장 야심 찬" 영화의 씨앗에 불과하다고 설명한다. 오랜 기간 조감독으로 놀런과 호흡을 맞춘 닐로 오테로는 "〈인셉션〉과 비슷하지만 복잡하다"라고 말한다.

〈테넷〉은 한 테러 조직이 키예프의 오페라하우스를 급습하는 장면으로 시작된다. 여기에서 관객은 존 데이비드 워싱턴이 연기하는, '프로타고니스트(주인공)'라고만 알려진 인물을 만나게 된다. 우크라이나 특수기동대에 잠입한 그는 대량 학살을 저지한 뒤 생포되어 고문당한다. 그는 동료들을 배신하지 않으려고 자살용 알약을 삼키지만, 관객은 곧 그가 진정제를 삼킨 사실을 알게 된다. 자신이 죽었다고 믿도록 속인 것이다.

깨어난 프로타고니스트는 '테넷'이라는 암호명으로 불리는 팀에 합류한다. 이 조직은 미래에서 온 정체불명의 적과 전쟁을 치르는 중이다. 전쟁의 승자가 쟁취하는 것은 땅이나 돈이 아닌, 시간이다. 미래에 인버트 기술이 개발되어 사물과 인간이 말 그대로 시간을 역행할 수 있게 된 것이다.

놀런은 자신의 아이디어를 체계적으로 발전시키기 위해 이미 〈인터스텔라〉에서 협업한 바 있었던 물리학자 킵 손에게 조언을 구했다. "킵은 초고가 완성되기 전에 내가 이야기를 들려준 몇 안 되는 사람 중 한 명이에요." 놀런은 말한다. "〈인터스텔라〉와 달리 〈테넷〉에서는 과학 이론이 크게 중요하진 않았어요. 스토리에 맞게 활용할 수 있었죠. 킵은 우리가 과학에서 벗어난 부분과 실제 과학이 어떻게 다른지에 대해 재미있는 조언을 해 줬어요."

8~9쪽: 오슬로 프리포트에서 불가사의한 총알 자국을 살피는 크리스토퍼 놀런. 옆에서 존 데이비드 워싱턴이 보고 있다.

위: 〈테넷〉 촬영장에서. (왼쪽부터) 촬영감독 호이터 판 호이테마, 스턴트 감독 조지 코틀, 스테디캠 촬영기사 로스 코시아, 프로듀서 에마 토머스, 크리스토퍼 놀런.

아래: 〈테넷〉 팀의 프로듀서인 에마 토머스.

11쪽: 존 데이비드 워싱턴(프로타고니스트 역)의 클로즈업 촬영을 준비하는 촬영감독 호이터 판 호이테마.

"물리법칙은 대칭적이죠. 시간은 엔트로피를 제외하면 앞뒤가 같아요."

— 크리스토퍼 놀런

여기에 덧붙여 놀런은 이야기의 중심에 핵심적인 과학 원칙이 자리 잡고 있다고 말했다. "물리법칙은 대칭적이죠. 시간은 엔트로피를 제외하면 앞뒤가 같아요." 이 사실을 마음에 새긴 채 그는 물체가 관통되고 사람들이 시간을 거슬러 움직이는 세계를 배경으로 내러티브를 구축했다. 놀런은 셀룰로이드 필름의 미래에 대해 함께 공개 토론을 한 적이 있는 비주얼 아티스트 터시타 딘과의 대화를 통해 이 영화 콘셉트에 엄청난 시각적 잠재력이 있다는 것을 깨달았다.

"터시타는 '카메라가 말 그대로 시간을 본다'라는 개념에 대해 이야기했어요." 놀런이 말한다. "카메라나 영화가 발명되기 전, 인간에겐 움직이는 사물을 역순으로 시각화할 방법이 없었어요. 그것은 온전히 카메라 메커니즘의 산물이죠. 그 덕에 우리는 현실을 다르게 바라보는 엄청난 통찰력을 갖게 됐어요. 나는 그것이 이 프로젝트가 갖는 매력의 핵심이라고 생각해요. 오직 영화적으로만 존재할 수 있는 세상을 바라보는 시선이죠."

놀런은 이 고차원 콘셉트에 첩보 스릴러라는 옷을 입혔다. 대본 작업은 2014년에 시작되었다. "세계가 위험에 처해 있고 현실은 변형됐다……. 그 세계에서 최전선에 선 이들은 정보기관 소속이다." 감독은 설명을 이어 갔다. "첩보물이 갖는 은밀함은 소급되는 위험이란 주제에도 잘 부합하죠. 일단 그렇게 틀을 잡고 출발하면, 첩보 장르는 관객들이 낯선 개념 속으로 친숙하게 발을 들일 수 있는 확실한 수단이 됩니다."

〈테넷〉에서 다루는 개념들은 추상적이긴 하지만, 동시에 우리가 살아가는 현실 세계에 기반을 두고 있다. 프로타고니스트와 그의 파트너인 닐(로버트 패틴슨)은 거꾸로 날아온 총알의 출처를 쫓아 뭄바이의 무기 거래상을 찾아간다. 웅장한 타워 형태의 주거지에 잠입한 그들은 안드레이 사토르(케네스 브래나)와 충돌한다. 러시아 과두제 집권층의 일원인 사토르는 겉으로는 가스 산업의 거물로 행세하지만, 사실은 플로토늄으로 큰 재산을 축적했다. 그는 '시간과 미래를 거래'하는 브로커 역할을 한다.

12쪽: 인버트된 총알을 다루는 프로타고니스트.

위: 플래닛 나인 요트에 탑승해 케네스 브래나(사토르 역)와 엘리자베스 데비키(캣 역)에게 다음 장면을 설명하는 크리스토퍼 놀런. 이탈리아 아말피.

아래: 바다 촬영을 준비 중인 크리스토퍼 놀런, 존 데이비드 워싱턴, 캐네스 브래나.

첩보 액션이 진행되는 와중에도 놀런은 기본 스토리가 관객의 감성을 자극하길 원했다. "건조한 첩보물을 많이 봤던 것 같아요." 그가 말한다. "인간성이 꽤 억눌린 경우가 너무나 많았죠. 어느 지점이 되면 그 부분을 챙기기가 힘들어져요." 〈테넷〉의 심장을 뛰게 하는 역할은 캣(엘리자베스 데비키)이 맡았다고 할 수 있다. 품위 있는 경매장 직원인 캣은 프로타고니스트를 사토르에게 처음으로 안내하는 인물이다. 한 아이의 어머니인 캣은 사토르와 위험한 관계로 얽혀 있다. "관객은 캣에게 동정심을 느낄 수밖에 없을 거예요." 놀런은 말한다.

〈테넷〉은 앞으로의 사건이 어떻게 전개될지에 초점을 맞추고 있지만, 한편으론 오래 지나지 않은 과거의 이야기를 들려준다. 사토르는 소련 시절 시베리아 지역에 지어진 가상의 도시 스탈스크-12 지역에서 자랐다. 이곳은 민감한 군사 및 연구 시설을 숨기기 위해 소련에 지은 이른바 폐쇄된 도시들 중 하나다. 사토르는 어린 시절 스탈스크-12에서 플로토늄 폐기물을 뒤지며 살았다. 프로타고니스트의 주된 임무는 사토르의 주변에 잠입한 뒤 플로토늄-241을 훔쳐서 그의 신임을 얻는 것이다. 하지만 사토르의 관심사는 다른 곳에 있다. 그는 엔트로피를 원하는 대로 주무를 수 있는 알고리즘을 완성하려고 한다.

핵의 위험성을 소재로 다루는 이 영화의 배경에는, 해수면이 상승하고 강은 말라붙는 환경적 위기가 설정되어 있다. "현재 우리가 직면한 문제잖아요. 그래서 너무 깊게 생각하지 않고 그런 일차원적인 충동들을 바탕으로 글을 썼어요." 놀런이 말한다. 그는 〈인터스텔라〉에서도 그와 비슷한 주제를 다뤘다. 놀런은 그 영화에서 만 박사(맷 데이먼)가 던진 질문을 인용했다. 우리는 왜 아는 이들은 잘 돌보면서 후손들이 처할 문제에는 공감하지 못하는가? "난 윤리적 발상으로서의 이 질문에 흥미를 느껴요. 그래서 계속 탐구하고 있죠." 놀런이 말한다. "행성을 놓고 후손들과 갈등을 빚는 세대의 이야기…… 끔찍한 쪽으로 흘러가긴 하지만 점차 이해도가 높아지는 문제죠."

대본 작업이 끝나 갈 무렵, 놀런은 자신이 가장 신임하는 협업자 중 한 명인 프로덕션 디자이너 네이선 크롤리를 팀에 합류시켰다. 〈인썸니아(Insomnia)〉(2002)로 인연을 맺은 크롤리는 이후 놀런의 거의 모든 작품에 참여했다. 2018년 말, 놀런은 〈테넷〉의 시나리오 3분의 2 정도 분량을 크롤리에게 보여 주었다. "크리스가 대본을 엎을 거라고 생각했어요." 크롤리가 말한다. "당시 중후반을 수정하고 있었는데, 영화를 찍을지 말지를 결정하기 전 단계였어요. 아직 영화사가 붙기 전이었죠."

크롤리와의 대화는 놀런에게 큰 힘이 되었다. "머릿속에는 이미 구상이 돼 있었고 계속해서 작업하는 중이었어요. 그런데 작업의 결과가 나와야 하는 후반으로 갈수록 구조가 너무너무 복잡한 거예요. 늘 시간과 생각이 많이 드는 부분이죠." 놀런이 말한다. "그런데 시각적 콘셉트처럼 창작 과정의 다른 부분에 손을 대다 보면 막혀 있던 구조가 술술 풀리기도 해요."

놀런이 쓴 대본 중 가장 복잡한 이야기 구조를 띠는 〈테넷〉은 오랜 시간 함께 일한 스태프도 이해하기 어려운 시나리오였다. "다 읽은 직후에 한 일은 처음부터 다시 읽는 거였죠." 오테로가 말한다. 〈메멘토〉, 〈인셉션〉을 포함, 놀런과 여덟 번째로 작업을 함께하는 스크립터(주로 신의 앞뒤가 잘 연결되도록 확인하는 직책) 스티브 게르케는 처음 이 시나리오를 읽었던 때를 회상했다. "다 읽자마자 45분 정도 산책을 했어요. 흡수한 걸 소화할 시간이 필요했죠. '미친 거 아냐? 날 죽일 작정인가?' 싶었죠."

"겁도 났지만 동시에 너무 재미있었어요." 〈인터스텔라〉, 〈덩케르크(Dunkirk)〉(2017) 이후 놀런과 세 번째로 협업한 촬영감독 호이터 판 호이테마는 이렇게 회상한다. "크리스의 상상력은 무궁무진해요. 이번에는 스스로에게도 모질게 굴었어요. 자기 자신에게 도전장을 낸 거죠." 격투 신, 고속도로 추격 신 등 모든 장면이 거꾸로 진행되는 〈테넷〉은 활자가 아닌 시각적 경험을 전제로 쓰였다. "이 영화는 다른 영화들이 그런 것 이상으로 글로 읽는 것보다 화면으로 보는 게 훨씬 쉽고 재미있을 거예요." 토머스는 말한다.

〈배트맨 비긴즈〉 때부터 놀런, 토머스 콤비와 유익한 관계를 유지해 온 워너브라더스는 〈테넷〉이라는 작품의 영화적 독창성을 알아보고 덥석 제작을 맡았다. 7개국을 이동하며 아이맥스 카메라로 촬영하는 계획만으로도 충분히 야심작이라 할 만한데, 이 작품은 한발 더 나아가 놀런이 전작들에서 보여 주었던 스펙터클한 장면들이 초라하게 느껴질 만큼 엄청난 스케일을 선보일 예정이었다. "여느 대작에서 대표적 신이 될 만한 장면들이 이 영화에서는 10분에 한 번꼴로 나와요." 토머스가 말한다. "미친 거죠. 미쳤다는 말로도 부족해요."

오른쪽: 역동적인 조명 속에서 프레임을 확인하는 크리스토퍼 놀런.
오른쪽은 호이터 판 호이테마.

ARRI
ARRIFLEX 765

PHILIPS

CHAPTER 2
프로타고니스트

"이해하려 하지 말고 느껴 봐요."

— 바버라

시나리오를 완성한 놀런은 캐스팅에 돌입했다. 그와 에마 토머스는 〈메멘토〉 때부터 종종 캐스팅 디렉터를 맡았던 존 팝시데라를 영입했다. 대본을 읽은 팝시데라는 놀런과 만나 후보 배우들의 목록을 만들며 아이디어를 공유했다. "어느 시점이 되니까 안전하게 갈지 모험을 걸어 볼지에 대해 논의하게 됐어요." 팝시데라가 말한다. "그런데 난 모험을 걸도록 독려하는 편이죠. 크리스처럼 성공하고 존경받는 감독이면 더더욱 그렇고요." 팝시데라의 말에 따르면 두 사람은 '주연급들을 다른 방식으로 활용하는 방법'에 대해 이야기했다고 한다. 비교적 전통적인 영화에서 주인공을 맡을 법한 배우들을 프로타고니스트의 주변 인물들로 배치하는 방안이었다.

"그의 카리스마가 시선을 확 끌었어요."

— 크리스토퍼 놀런

프로타고니스트 (존 데이비드 워싱턴)

대본에는 〈테넷〉의 불가사의한 주인공이 단순히 '프로타고니스트(주인공)'라고만 명시되어 있다. "프로타고니스트는 스파이라서 어느 정도 베일에 싸여 있어야 해요." 팝시데라가 말한다. "평범한 사람이 아녜요. 믿기 힘들 정도로 구체적인 인물이죠." 프로타고니스트는 팝시데라와 놀런이 처음으로 캐스팅을 놓고 토론한 역할이었다. 토머스의 말에 따르면 '출세 지향적이고 섹시한 국제적인 스파이'에 부합하는 배우를 물색했다고 한다. "하지만 동시에 관객이 감정선을 따라가고 공감할 수 있는 인물이어야 했죠."

놀런은 HBO에서 2019년까지 다섯 시즌 동안 방영된 코미디 드라마 〈볼러스(Ballers)〉에서 존 데이비드 워싱턴을 발견했다. "그의 카리스마가 시선을 확 끌었어요." 감독은 회상한다. 이후 그는 비평가들의 극찬을 받은 스파이크 리의 2018년 작 〈블랙클랜스맨(BlacKkKlansman)〉에서 다시 한 번 워싱턴의 연기를 접했다. 이 영화를 보고 놀런은 그가 프로타고니스트 역에 적임자임을 확신했다. "스파이크 리의 초대로 칸 영화제에 갔죠." 놀런이 말한다. "그때 영화를 보고 존 데이비드를 캐스팅하기로 마음먹었어요."

팝시데라는 한때 NFL(내셔널 풋볼 리그) 후보 선수였고, 전설적 배우 덴절 워싱턴의 아들이기도 한 존과 자리에 앉아 대화를 나눴다. "그가 최종적으로 역할을 맡게 되자 난 이렇게 말했어요. '그래, 이제 벤치에서 일어나 볼까? 콜시트 맨 위에 네 이름을 올리고 스타가 될 시간이야. 이제 너의 빛을 감추지 마. 이제 도약할 때가 됐어.'"

그의 말대로 워싱턴은 수없이 도약해야 했다. 〈테넷〉에는 독특한 액션 신들이 많기 때문이다. "쉴 새 없이 이리저리 뛰어다녔죠." 토머스가 말한다. 정확히 필요한 것만 갖춰 놓는 놀런의 세트장에는 일부러 의자가 비치되지 않았기 때문에 워싱턴은 말 그대로 쉴 수가 없었다. 스태프의 수그러들 줄 모르는 열정에 자극받은 워싱턴은 최전방에서 리드했다. "내가 지쳐서는 안 되겠다는 생각이 들었어요. 스태프가 서서 일하는데 내가 어떻게 앉아 있을 수 있겠어요. 하지만 6일이 지나고 나서부터 무너졌죠. 아무 데나 걸터앉았어요. 몸이 안 따라 주더라고요."

프로타고니스트에 대해 워싱턴은 이렇게 말한다. "이야기의 중심에서 보면 지구를 구하려는 한 남자죠." 존재를 감추고 냉소적인 모습으로 일관하는 전형적인 영화 속 스파이에서 벗어나 '감성적으로 접근할 수 있는 인물'이라고 놀런은 덧붙인다. "존 데이비드가 연기하는 인물에는 따뜻한 인간미가 있어요. 그런 부분을 잘 묘사했고 부각시켰죠. 그래서 그가 이 역할을 맡아 주길 바랐던 거예요."

16~17쪽: 오슬로 프리포트 습격에 앞서 설계도를 살펴보는 마히르(히메시 파텔), 닐(로버트 패틴슨), 프로타고니스트(존 데이비드 워싱턴).
18쪽: 카리스마 있는 국제 스파이 역을 맡기에 최적화된 배우인 존 데이비드 워싱턴.
위: 스탈스크-12에서의 마지막 전투를 앞두고 복장을 착용한 프로타고니스트.

“닐은 혼돈을 좋아하고,
말이 안 되는 상황을 즐기는
사람 같아요.”

— 로버트 패틴슨

닐 (로버트 패틴슨)

닐은 뭄바이에 있는 프로타고니스트의 조력자로, 영화가 진행되는 내내 프로타고니스트의 뒤를 그림자처럼 따라다닌다. 흥미롭게도 토머스와 놀런은 〈트와일라잇(Twilight)〉(2008)의 스타 로버트 패틴슨을 캐스팅했다. 영국 배우인 패틴슨은 아역 스타의 이미지를 넘어 〈하이 라이프(High Life)〉(2018), 〈라이트하우스(The Lighthouse)〉(2019) 등의 독립영화에서 인상적인 연기를 선보였다. “로버트는 각기 다른 역할들을 소화하며 믿기 힘들 정도로 다양한 모습을 보여 줬어요.” 토머스가 말한다. 특히 사프디 형제의 영화 〈굿타임(Good Time)〉(2017)에서 선보인 그의 색다른 연기에 넋이 나갔다고 한다. “그 영화를 보고 우리는 ‘와! 정말 같이 작업해 보고 싶은 친구다’라고 말했죠.”

놀런과 패틴슨이 처음 만났을 당시 〈테넷〉은 철저히 베일에 싸여 있었다. “무슨 프로젝트인지 아무도 몰랐어요.” 배우는 이렇게 회상한다. “실제로 프로젝트가 *있는지 없는지도* 사실 몰랐죠. 철저히 비밀이었으니까요.” 놀런은 영화에 대한 이야기는 하지 않고 네 시간 동안 그와 대화를 나누었다. “대화를 마치고 나오니까 매니저가 어땠냐고 묻더라고요. 그래서 모르겠어, 멋지고 좋은 사람이야. 그런데 영화 얘기는 전혀 안 했어. 설마…… 오늘 미팅 망한 거 아냐?”

사실 그때까지도 놀런은 머릿속에서 닐이라는 인물을 만드는 중이었다. “아직 닐의 캐릭터가 구체적이지 않다는 생각이 들었어요. 엄청난 재능이 있는 배우가 나타나 살을 붙여 줬으면 좋겠다는 생각이 있었죠. 로버트가 바로 적임자였어요. 훌륭한 예술가죠. 그에겐 도전이 필요했어요.”

대본에는 닐의 배경이나 설명이 조금밖에 나와 있지 않지만, 에마 토머스는 즉시 이 인물상을 그려 냈다. “지금은 은퇴했지만, 우리 아버지는 외교관이었어요. 그래서 어렸을 때 세계 곳곳을 돌아다니며 온갖 사람들을 만나 볼 수 있었죠. 그런데 꼭 전에 닐을 만나 본 것 같은 기분이 들더라고요! 시간의 흐름에서 벗어나 있고, 자신이 어디에 속해 있는지 감이 별로 없는 사람 말이에요. 개인주의적이고, 약간 별난 구석도 있고요.” 패틴슨은 이 인물이 시간이 왜곡된 〈테넷〉의 세계관을 자기 집처럼 느낄 것이라고 생각했다. “닐은 혼돈을 좋아하고, 말이 안 되는 상황을 즐기는 사람 같아요. 그에게는 그게 편한 거죠. 그걸 집이라고 느끼는 거예요.”

위: 세계를 구하기 위한 프로타고니스트의 임무에 가담하는 닐(로버트 패틴슨).
21쪽: 무기 거래상 산제이 싱의 거주지인 고층 건물에서 총을 겨누는 닐.

안드레이 사토르 (케네스 브래나)

케네스 브래나가 〈덩케르크〉에 출연한 이후, 놀런과 토머스는 그를 사토르 역에 캐스팅할 생각에 몹시 설렜다. 러시아 과두제 집권층의 일원인 안드레이 사토르는 〈테넷〉에서 프로타고니스트와 대립하는 인물이다. 처음에는 브래나가 애거사 크리스티 원작의 영화 〈나일강의 죽음(Death on the Nile)〉의 연출을 앞두고 있어서 캐스팅이 불가능해 보였다. 하지만 다행히 20세기 폭스사의 배려로 그는 촬영 일정을 조율할 수 있었다. "우리를 위해 산을 들어서 옮기듯 자신의 영화 촬영을 미룬 거예요." 팝시데라가 말한다. "영화사가 동의해 줘서 우린 모두 깜짝 놀랐어요. 모두 케네스가 힘써 준 덕분이죠."

브래나는 〈테넷〉의 시나리오를 읽고 즉시 빠져들었다. 그는 이 작품을 '수수께끼 속에 갇혀 있는 퍼즐'이라고 표현했다. "배우 인생을 통틀어 대본을 이보다 더 많이 읽었던 적은 없었어요." 브래나가 말한다. 놀런과의 첫 만남 이후 그는 자신이 연기할 인물이 어떤 사람인지 완벽히 파악했다. "인물에 대해 처음 이야기할 때 감독은 계속해서 그가 나쁜 놈이라고 강조했어요. 인간성을 완전히 상실한 인물이라고 했죠."

브래나는 사토르 역을 준비하면서 겉으로 드러나지 않는 부분에 대해 생각했다. 그는 특히 이 인물이 스탈스크-12에서 플루토늄 잔해를 뒤지던 어린 시절에 주목했다. "파우스트처럼 악마에게 거래를 제안받죠." 브래나가 말한다. "온전히 악의 세력으로 넘어가 독약을 집어 들어요. 도시의 오염된 구역에 사는 동안 그의 마음에 독이 퍼져 나가죠. 자신의 사형 집행 영장을 스스로 봉인했으니까요."

'차가운 눈에 짧은 턱수염을 기른 중년 남성'이라고 대본에 명시되어 있는 사토르는 무자비하고 무섭고 이기적이고 지적이며 난폭하다. "짐승 같은 생명체죠." 놀런이 덧붙인다. "원시적이고 폭력적이에요. 그가 누구인지, 어떻게 행동하는지는 그가 성장기를 보낸 난폭한 환경이 정의해 주죠."

브래나가 이 비열한 인물을 연기하는 모습을 지켜보는 것은 재미있는 경험이었다. "그는 정말 신사적이에요. 사려 깊고 논리적인 사람이죠. 그런데 감독이 '액션'을 외치면 영락없는 괴물로 돌변하는 거예요." 토머스가 말한다. 놀런은 사토르를 연기하는 것이 평소 상냥하고 공감 능력이 뛰어난 배우에게는 큰 도전이 될 것이라고 느꼈다. "원초적 본능이 강하고 이기적인, 이 끔찍한 인물로 들어가는 데 어려움을 느꼈을 거예요……. 브래나는 아주 깊게 파고들어야 했죠."

위: 케네스 브래나는 러시아 과두제 집권층의 일원인 악역 사토르를 연기했다.

아래: 자살용 알약을 관찰하는 사토르.

23쪽 위: 우아한 매력의 소유자 캣(엘리자베스 데비키)은 경매회사 직원이자 사토르의 파트너이다.

23쪽 아래: 사토르의 시선을 피하는 캣.

캐서린 '캣' 바튼 (엘리자베스 데비키)

캣은 다양한 면을 가진 인물로, 그녀가 아들 맥스를 만나지 못하도록 막는 사토르와 끔찍한 관계로 얽혀 있다. "처음에는 이 역할에 어느 정도 나이가 있는 배우를 섭외하려 했어요." 토머스가 말한다. 하지만 스티브 매퀸 감독의 범죄 스릴러 〈위도우즈(Widows)〉(2018)에 출연한 호주 출신의 배우 엘리자베스 데비키를 보고 놀런과 토머스 부부는 마음이 바뀌었다. "난 엘리자베스의 이런 면이 참 좋아요." 토머스가 말한다. "우아하고 다양한 매력을 지녔죠. 그러면서 강철처럼 단단해요."

패틴슨과 마찬가지로 데비키도 놀런과 차를 마셨고, 이 첫 만남에서는 프로젝트에 관련된 어떠한 이야기도 듣지 못했다. 이후 데비키는 놀런과 토머스 앞에서 오디션을 보기에 앞서 시나리오의 일부를 전달받았다. 캣과 프로타고니스트가 식당에서 처음으로 만나는 장면이었다. "정말 멋진 오디션이었어요. 전에 했던 연기만 봐서는 쉽게 짐작되지 않는 캐릭터를 그 자리에서 선보였거든요." 놀런이 말한다. "엘리자베스가 들어와서 대본을 읽었는데, 바로 그 자리에 캣이 있었어요."

데비키는 시나리오 전체를 읽지 않은 상태에서도 직관적으로 자신이 연기할 인물을 파악했다. "생존을 위해, 혹은 무언가를 지키기 위해 엄청난 것을 숨긴 여성이죠."

아마도 캣은 놀런이 만든 가장 복잡한 여성 캐릭터일 것이다. 데비키는 캣을 "극도로 영리한 사람"이라고 표현한다. "직관적이죠. 마음만 먹으면 상대를 속일 수 있어요. 건조한 유머 감각을 갖고 있고요. 크리스는 그것을 '교수대 유머'라고 표현했죠."

"엘리자베스가 들어와서
대본을 읽었는데,
바로 그 자리에 캣이 있었어요."

— 크리스토퍼 놀런

데비키는 〈테넷〉이 한 무리가 다른 무리를 해치려 하는, 일종의 "실패한 연합 혹은 결혼의 초상"을 담는다고 말한다. "보고 있는 게 고통스러울 정도로 처참하죠." 하지만 그녀는 캣이 사토르(분명 한때는 캣을 사랑했던)의 피해자라고 생각하기를 거부한다. "자신이 처한 상황에 책임을 지는 인물이죠. 시종일관 투지가 느껴져요. 굴복할 수 없다는 걸 알기 때문에 필사적으로 생존하려고 해요."

프리야 (딤플 카파디아)

뭄바이를 주 무대로 삼는 프리야는 〈테넷〉에서 이중성을 띤 인물 중 하나다. 이 역할을 캐스팅하기 위해서는 그에 걸맞은 우아함과 엄숙함을 지닌 인도 출신의 여성 배우를 물색해야 했다. "조사도 많이 하고 발품도 많이 팔았어요. 촬영도 많이 하고 설득도 많이 했죠." 팝시데라가 말한다. 발리우드 배우들은 오디션을 본다는 개념 자체가 생소했고, 셀프 테이프를 촬영해 캐스팅 디렉터에게 보내는 것을 어색하게 생각했다. 그것이 크리스토퍼 놀런의 프로덕션이라고 해도 예외는 아니었다. "수많은 배우들이 오디션 보기를 꺼렸고 관심을 보이지 않았어요." 캐스팅 디렉터가 말한다. 팝시데라의 오랜 노력은 딤플 카파디아를 찾으며 결실을 맺었다. 카파디아는 왕성한 활동을 하진 않지만, 오랫동안 인도의 대스타였다. "엄청난 카리스마와 사람을 끌어당기는 매력을 지녔죠. 정확히 이 역할에 필요한 요소들이에요." 토머스가 말한다. 카파디아의 조카는 놀런의 열성 팬이라고 한다. "크리스토퍼 놀런 영화의 오디션을 본다고 했더니 조카가 흥분하면서 '이모! 놀런! 크리스토퍼 놀런! 〈프레스티지(The Prestige)〉(2006) 재밌다 그랬잖아요!'라고 하더라고요. 그래서 내가 '알았어. 진정해. 장난 전화일 수도 있어. 너무 기대하진 말자' 그랬죠." 놀런과 팝시데라는 얼마 후 뭄바이에서 카파디아를 만났다. "마지막으로 오디션을 본 게 워낙 오래돼서 그런지 많이 긴장했더라고요." 팝시데라가 말한다. 오디션에서 멋진 모습을 보인 카파디아는 과거에 함께 출연했던 덴질 스미스(프리야의 남편인 무기 거래상 산제이 싱 역)과 나란히 캐스팅됐다.

이브스 (애런 테일러-존슨)

〈테넷〉 후반부에서 프로타고니스트를 인버트되는 프로세스로 이끄는 이브스 역은 애런 테일러-존슨이 맡았다. "내가 맡은 인물은 그쪽으론 전문가죠. 그는 잘 알고 있어요." 테일러-존슨은 말한다. 영국 배우인 그는 〈덩케르크〉 오디션에 참여했지만 역을 맡진 못했는데, 〈테넷〉에서는 팝시데라가 강력하게 추천했다. 그는 이미 〈킥애스(Kick-Ass)〉(2010), 〈고질라(Godzilla)(2014)〉, 〈어벤저스: 에이지 오브 울트론(Avengers: Age of Ultron)〉(2015)에서 이브스 역에 필요한 저돌적인 모습을 보여 주었다. "감독이 염두에 뒀던 것보다는 조금 젊은 배우였죠." 캐스팅 디렉터가 말한다. 놀런은 배우가 리딩하는 모습을 보고 테일러-존슨이 적임자라고 결론 내렸다. "주연급인데 자신에게 맞는 옷이면 조연도 마다하지 않는 그런 배우예요." 감독이 말한다. "역할과 바로 친해졌어요. 엄청난 재능을 가진 젊은 배우죠."

위: 무기 거래상 산제이 싱의 아내인 프리야(딤플 카파디아)는 〈테넷〉에서 성격이 쉽게 파악되지 않는 인물 중 하나이다.

아래: 무장 단체의 부사관이자 인버트 기술 전문가인 이브스(애런 테일러-존슨).

25쪽 위: 테넷 요원 마히르를 연기하는 히메시 파텔.

25쪽 아래: 사토르의 수족과도 같은 보디가드 볼코프(유리 콜로콜니코프).

볼코프 (유리 콜로콜니코프)

런던 신에서 처음 모습을 드러내는 사토르의 보디가드 볼코프는 〈테넷〉에서 시종일관 위협적인 존재로 등장한다. 〈왕좌의 게임(Game of Thrones)〉, 〈6 언더그라운드(6 Underground)〉(2019)에 출연해 국제적 명성을 얻은 모스크바 태생의 유리 콜로콜니코프는 단지 근육질의 몸이 아닌 그 이상의 무언가를 보여 준다. "이 역할은 자칫 섬세하지 않게 연기하기 쉬운데 유리는 뉘앙스를 잘 살렸어요." 토머스가 말한다. 콜로콜니코프는 오디션을 보기 위해 〈매트릭스(The Matrix)〉(1999)의 한 장면을 연기한 셀프 테이프를 보냈고, 곧 비행기를 타고 LA에 도착해 놀런을 만났다. 이후 그는 지겹도록 비행기를 타야 했다. 촬영이 이뤄진 총 7개국 중 4개국 분량에 출연했기 때문이다. "존 데이비드를 제외하면 우리와 가장 많은 곳을 함께 다닌 배우죠." 토머스가 덧붙인다. 콜로콜니코프는 볼코프를 사토르의 '가까운 친구'라고 표현한다. "오랫동안 같이 있었으니까요. 인버트 기술과 관련된 비밀도 다 알고요. 모든 비밀을 함구하고 있는 거죠."

"영화에서 재미있는 장면 중 상당수는 마히르라는 인물과 연관이 있어요."

— 에마 토머스

마히르 (히메시 파텔)

대니 보일 감독의 〈예스터데이(Yesterday)〉(2019)로 명성을 얻은 영국 배우 히메시 파텔은 마히르 역을 맡았다. 마히르는 프로타고니스트와 함께 일하는 정보원 중 하나다. 파텔의 에이전트는 그에게 〈테넷〉을 강력 추천했고, 용기를 얻은 파텔은 대본도 읽지 않은 채 프로젝트에 합류했다. "영화에서 재미있는 장면 중 상당수는 마히르라는 인물과 연관이 있어요." 토머스가 말한다. "재미있는 분량을 많이 가져갔죠." 그 '재미있는 분량' 중 하나로 캣이 타고 있는 스피드 보트를 몰아 사토르의 초호화 요트에 충돌시켜서 결과적으로 747 비행기를 오슬로의 항구에 추락시키는 장면을 들 수 있다. "자신감이 넘치는 인물이죠." 파텔이 말한다. "자기가 잡힐 거라고 생각하지 않아요."

페이 (마틴 도노번)

마틴 도노번은 놀런의 세 번째 영화 〈인썸니아〉 이후 18년 만에 그의 작품에 출연했다. 페이는 우크라이나에서 병원선으로 옮겨진 프로타고니스트를 처음으로 만나고, 그에게 테넷 팀의 요원들이 신입 멤버를 즉각 식별할 수 있는 손가락 제스처를 알려 준다. "크리스는 이 인물이 성숙해 보이길 원했어요. 중견 정치가 같은 모습을 예로 들었죠." 팝시데라가 말한다. 도노번은 그에 맞는 로마 시대 귀족 같은 면모를 지녔다. 다행히도 이 배우는 기꺼이 덴마크로 가서 짧지만 강렬한 장면들을 연기했다. "그가 우리와 다시 작업해 줘서 너무 다행이라고 생각해요." 토머스가 말한다.

"그가 없이는 이 영화를 만들 수 없었을 거예요."

— 에마 토머스

마이클 크로스비 (마이클 케인)

놀런과의 여덟 번째 작품을 촬영한 마이클 케인은 영국의 연락책인 마이클 크로스비를 연기했다. 프로타고니스트는 그를 런던의 프라이빗 멤버십 클럽에서 만난다. 호화로운 환경에서 너무나 자연스러운 모습을 보이는 크로스비 역은 사실 이 대배우를 염두에 두고 쓴 것이나 다름없다. "이 배역이 마이클 케인을 완벽하게 연기하는 거죠." 토머스가 말한다. 오랜 시간을 함께한 마이클 케인은 감독과 토머스에게 행운의 부적과도 같은 존재다. "그가 없이는 이 영화를 만들 수 없었을 거예요." 토머스가 말한다.

바버라 (클레망스 포에지)

페이와 마찬가지로 과학자인 바버라는 비교적 작은 역할이지만 프로타고니스트에게 결정적인 정보를 제공하기 때문에 매우 중요한 역할이라고 볼 수 있다. 바버라는 주인공에게 거꾸로 날아가는 총알의 원리를 설명한다. 이 역을 맡은 프랑스 배우 클레망스 포에지는 〈해리 포터〉 시리즈의 플뢰르 들라쿠르 역으로 가장 잘 알려져 있다. 당시 포에지는 둘째를 임신한 상태였는데, 토머스는 이 역을 소화하는 데 문제 될 게 없다고 강력히 주장했다. 시나리오에는 명시되지 않았지만, 바버라의 임신은 이 영화의 주제와 잘 결부되었다. "이 영화가 바로 그런 내용이거든요. 지구를 물려받을 세대에 관한 이야기." 팝시데라는 말한다.

휠러 (피오나 듀리프)

이브스의 부사령관인 휠러는 인버트의 복잡한 법칙들을 프로타고니스트에게 설명한다. 놀런은 물리학자 존 아치볼드 휠러에게 헌정하는 의미로 이 인물의 이름을 지었다. 휠러 역은 〈데드우드(Deadwood)〉(2019), 〈트루 블러드(True Blood)〉에 출연한 피오나 듀리프(배우 브래드 듀리프의 딸)가 맡았다. 듀리프는 오디션에서 크리스토퍼 놀런 감독의 동생인 조너선 놀런이 공동 연출한 〈웨스트월드(Westworld)〉의 장면들을 연기했다. 듀리프는 놀런의 대본이 지닌 복잡함을 충분히 이해하고 소화하기 위해 노력했다. 복잡한 추격 장면을 읽을 때는 자동차들의 위치를 파악하기 위해 일회용 설탕 팩들을 테이블에 늘어놓기도 했다. "제대로 이해하고 싶었어요." 그녀가 말한다. "꼭 이해해야만 했어요."

26쪽 위: 마이클 케인은 영국의 연락책인 마이클 크로스비 경을 연기했다.

26쪽 아래: 〈인썸니아〉 이후 18년 만에 놀런 사단으로 돌아온 마틴 도노번은 〈테넷〉의 고위직인 페이 역을 맡았다.

위: 클레망스 포에지는 프로타고니스트에게 인버트 기술의 복잡한 개념을 소개하는 과학자 바버라를 연기했다.

아래: 피오나 듀리프는 이브스의 부사령관인 휠러 역을 맡았다.

CHAPTER 3
회 전 목 마

**"테넷은 과거에 설립되지 않았어.
미래에 설립될 거야."**

— 프 리 야

〈테넷〉 프로덕션은 보안을 위해 '회전목마(Merry-Go-Round)'라는 가제를 짓고 2018~2019년 겨울에 팀을 꾸리기 시작했다. 프리프로덕션 미팅(PPM)에서 어떠한 영화도 틀지 않겠다는 놀런의 말에 다른 핵심 멤버들은 이 프로젝트가 어느 정도의 독창성을 띠는지 가늠할 수 있었다. 〈덩케르크〉를 포함한 전작들에서 놀런은 스태프에게 다른 감독들의 영화를 보여 주며 앞으로 찍을 작품에 대해 설명하곤 했다. "이번에는 처음으로 다른 영화를 안 보여 줬어요." 〈테넷〉의 특수효과를 맡은 스콧 R. 피셔가 말한다. "크리스는 우리의 이해를 돕기 위해 어떤 영화를 틀어야 할지조차 모르겠다고 했어요!"

“가족이 탈 승용차 고르듯
중고 747의 타이어를 발로 차 보기도 하고,
정말 재미있었죠.”

— 닐로 오테로

다른 이유도 있었다. 시간적 여유가 없었기 때문이다. “이 영화는 시작부터 모두 전속력으로 달렸어요.” 프로덕션 디자이너 네이선 크롤리가 말한다. 그와 놀런은 2018년 말부터 작업을 시작했고, 다른 담당자들은 2019년 1월이 되어서야 하나둘 합류했다. “엄청난 스케일에다 이 영화에 거는 기대 때문에 압박감을 느꼈던 것 같아요.” 조감독 닐로 오테로가 회상했다. 6월 초에 크랭크인을 했으니 스태프에겐 5개월의 준비 기간이 있었던 셈이다. “보통 그 정도면 넉넉한 기간이죠.” 오테로가 덧붙였다. “그런데 우리는 백지상태에서 많은 것을 새로 만들어 내야 했으니 시간에 쫓겼죠.”

가령 배우들과 스턴트맨들이 거꾸로 움직이고 싸우는 장면을 연습하려면 모든 스태프가 바쁘게 움직이고 고민해야 했다. 가장 큰 도전 중 하나는 747 비행기가 오슬로 항구에 추락하는 장면이었다. 이는 프로타고니스트가 심혈을 기울인 작전의 한 부분으로, 그는 캣의 신임을 얻기 위해 사토르 소유의 가짜 루벤스 작품을 손에 넣는다. 미니어처를 사용해 폭발 신을 찍자는 의견이 잠깐 나왔지만 제작책임자 토머스 헤이슬립은 진짜로 하길 원했다. “내가 이 영화에 접근하는 방식이에요.” 그가 말한다. “크리스가 상상한 것은 실현되어야만 해요.”

다행히도 캘리포니아에서는 폐비행기를 구하기가 쉬웠다. 그곳에는 동체, 날개 등 더 이상 날지 않는 비행기의 값진 부품들이 보관되어 있었다. 2019년 3월, 헤이슬립과 놀런은 〈덩케르크〉에서 진가를 발휘한 항공 코디네이터 크레이그 호스킹과 함께 LA에서 북동쪽으로 130킬로미터쯤 떨어진 빅터빌로 향했다. 그곳에서 놀런은 사용 가능한 비행기들을 구경할 수 있었다. “비행기 쇼핑이라니 너무 웃겼어요.” 헤이슬립이 웃었다. “가족이 탈 승용차 고르듯 중고 747의 타이어를 발로 차 보기도 하고, 정말 재미있었죠.” 오테로가 옆에서 거들었다.

28~29쪽: 〈테넷〉의 첫 로케이션 헌팅 당시 오슬로 오페라하우스 옥상을 살펴보는 크리스토퍼 놀런과 토머스 헤이슬립.

위: 캘리포니아 빅터빌에서 비행기 쇼핑 중인 크리스토퍼 놀런.

아래: 복잡한 747 비행기 충돌 신의 준비 과정에 쓰인 모형과 도면.

31쪽: 크리스토퍼 놀런과 네이선 크롤리가 실제 비행기를 격납고의 어느 부분에 충돌시키는 게 좋을지 논의하고 있다.

"메가 요트 촬영이라니, 정말 어려운 제안이었죠. 보험비만 10억 달러에 달하는 배거든요."

— 닐 안드레아

한편, 전작 〈덩케르크〉에서 제2차 세계대전 배경의 대규모 함대 장면들을 만들어 낸 해양 코디네이터 닐 안드레아는 〈테넷〉에서도 쌍동선(두 개의 선체를 갑판 위에서 결합한 배—옮긴이), 메가 요트, 쇄빙선, 스피드 보트, 낚시 보트, 화물 선박 등이 나오는 장면들을 선보였다. "결국 이 영화에는 100척의 배가 등장했습니다." 안드레아가 말한다. "아마도 〈덩케르크〉와 비슷하거나 그 이상의 규모일 거예요."

하지만 두 영화 사이에는 확연한 차이가 있었다. 〈덩케르크〉에 등장한 제2차 세계대전풍의 선박들은 열혈 수집가들에게서 대여해 쓸 수 있었지만, 〈테넷〉에 등장하는 선박들은 촬영 일정 중에도 실제 상업 목적으로 쓰이는 것들이었다. "그 배들이 본업에서 빠지게 되면 천문학적 금액의 손실이 발생하죠." 안드레아가 말한다. 그는 촬영을 성사시키기 위해 가능한 협상 기술을 모두 동원해야 했다.

그중 가장 큰 예산이 들어간 선박은 사토르의 메가 요트였다. 이 요트는 이탈리아의 아말피와 베트남에서 촬영할 때 핵심 역할을 담당할 계획이었다. "메가 요트 촬영이라니, 정말 어려운 제안이었죠." 안드레아가 말한다. "보험비만 10억 달러에 달하는 배거든요." 특히 여름에는 대여료가 오르기 때문에 대여 가능 여부와 비용은 쉽게 결정될 문제가 아니었다. "90미터 길이의 메가 요트는 보통 오래전부터 예약이 차 있어요." 촬영에 필요한 선박을 대여하기 위해 안드레아와 함께 움직인 헤이슬립이 말했다. 이후 부차적인 이유로 후보가 좁혀졌다. 대본 전체를 보여 주길 원하는 선박 소유주도 있었고, 자신의 선박이 부적절한 장면(사토르가 영화 속에서 악역이라는 점 때문)에 사용되길 원치 않는 사람도 있었다. "그렇게 제하고 나니 조건이 맞는 배는 몇 척 안 남더라고요." 안드레아가 말한다. 요트 대여를 더욱 힘들게 만든 요인은 Mi-8 헬리콥터가 요트에 착륙하는 장면이다. 안드레아가 조언을 구한 전문가들에 따르면 이런 식의 착륙은 유례가 없다고 한다.

수개월의 조사 끝에 안드레아는 헬기 이착륙이 가능한 73미터 길이의 호화 요트 '플래닛 나인'을 찾아냈다. "헬리콥터 촬영을 하기에 정말 적절한 요트였어요." 안드레아가 말한다. "선박 주인이 헬리콥터광이었죠. 게다가 크리스의 팬이기도 했고요." 그 사람은 정말로 놀런의 열성 팬이었는지 여름 스케줄을 전면 수정하기까지 하면서 요트를 대여해 주었다.

위: 플래닛 나인호의 헬기 이착륙장. 사토르의 메가 요트에서 필수 요건 중 하나였다.
아래: 호화로운 플래닛 나인호의 내부.
33쪽: 호화 요트인 플래닛 나인호. 보험비가 10억 달러에 달한다.

또 하나의 주요 장면으로 사토르, 캣, 프로타고니스트가 바다에서 벌이는 추격 신을 들 수 있다. 대본에는 '아메리카 컵 대회에서 쓰는 최신식 세일링 요트 두 척'이라고 명시되어 있다. 안드레아는 이 요트들을 조달하기 위해 국제 수상 레이싱 리그인 세일GP(어떤 면에서는 F1 모터 레이싱과 흡사한)와 교섭을 시작했다. 이 리그는 유럽, 미국, 호주를 오가며 경기를 치르고, 각 나라를 대표하는 선수들은 50노트 정도의 속도를 내는 F50 쌍동선을 타고 레이싱을 펼친다.

"쌍동선 중에서도 차원이 다른 수준이에요." 안드레아가 말한다. "일반 쌍동선과는 전혀 다른 기계라고 봐야죠." 15미터 길이의 F50은 전통적인 방식의 돛과 삭구가 아닌 고정 날개를 사용해 방향을 전환한다. "〈스타워즈(Star Wars)〉에 나오는 엑스윙 파이터와 비슷해요. 믿어지지 않을 정도죠. 해양 건축의 걸작이에요." 안드레아가 말을 이었다. "F50을 한 번 보면 다른 건 눈에 들어오지도 않아요."

안타깝게도 〈테넷〉의 여름 촬영 일정은 세일GP의 레이싱 시즌과 겹쳐 있었다. 안드레아는 F50을 확보하고 촬영 장소에 대해 구체적으로 설명하기 위해 수차례 런던과 샌프란시스코의 사무실을 오가며 회의를 해야 했다. 한번은 놀런과 팀원들이 이 쌍동선에 직접 탑승할 기회를 얻어서 잊지 못할 스릴을 만끽했다.

"그 배에 타는 건 엄청나게 위험한 동시에 엄청난 특권이죠." 촬영감독 호이터 판 호이테마가 말한다. "F-16 전투기에 타는 것과 동급이에요." 놀런은 승객으로 F50에 탑승했고, 다른 이들은 RIB(고속 단정)를 타고 뒤따랐다. "따라갈 수가 없더라고요." 안드레아가 회상했다. "솔직히 말도 안 돼요. 돛단배가 성난 듯이 속력을 올리고 물보라를 튀기면서 어찌나 질주하는지."

놀런에게는 말로 표현하기 힘들 정도로 값진 경험이었다. "배를 타고 파도 위를 고속으로 질주하는데, 막상 코너링 할 때는 한쪽으로 쏠리지도 않아요. 일반 배를 탔을 때처럼 바람 때문에 기우는 일도 없어요. 수면에 달라붙은 채 90도 회전을 하죠. 믿기 힘들 정도로 엄청난 관성력이 작용하는 거예요. 그리고 이때 나는 소리는 마치 노랫소리 같아요. 울부짖음 비슷한. 정말 놀라운 경험이었어요." 뱃머리가 수면에 코를 박을 듯 기울어지며 배가 전복되려 하는 장면을 두고 놀런은 이렇게 말했다. "이렇게 위험해 보이는 점이 영화의 신과 잘 맞아떨어졌어요."

결국 안드레아는 세일GP와 계약을 성사시켰다. 애초의 계획은 8월 초에 쌍동선을 빌려 서포트 팀과 함께 아말피 촬영에 합류하는 것이었다. 그런데 안드레아는 현지에서 F50을 움직이기에는 바람이 충분히 불지 않는다는 사실을 알게 됐다. "보트를 운송하고 서포트 팀을 섭외하는 데는 엄청난 돈이 들죠." 그가 말한다. "그런데 막상 촬영장에 가면 다 같이 부두에 앉아서 바람이 불길 기다려야 할지도 모르는 거예요."

위: 디자인, 모형, 이미지 들이 전시돼 있는 프리프로덕션 사무실.
아래: 크리스토퍼 놀런과 네이선 크롤리.

해결책은 쌍동선들이 있는 곳으로 촬영지를 옮기는 것이었다. 8월 중순에 잉글랜드 남쪽 해안의 와이트섬에서 레이싱이 펼쳐질 예정이었다. "그렇게 하는 게 이치에 맞았죠." 오테로가 말한다. "어차피 보트들이 그쪽에 있고, 바람도 불고, 게다가 레이싱을 하는 곳이니까 따로 적응할 시간을 할애하지 않아도 되고요." 한편으로는 점차 규모가 커지는 해외 촬영을 앞둔 시점에서, 런던은 잠시 숨을 돌리기 좋은 도시였다.

"애초의 계획은 최대한 서로 다른 지역들을 찾아 전 세계를 돌아다니면서 화려한 어드벤처물을 찍는 거였어요." 에마 토머스가 말한다. 2019년 2월, 놀런, 크롤리, 헤이슬립은 처음으로 로케이션 헌팅을 나섰다. 첫 번째 도시는 스톡홀름이었다. 세 사람은 키예프 오페라하우스 신의 후보지인 스웨덴 왕립 오페라극장에 도착했다. 그러나 안타깝게도 〈테넷〉 팀을 너무 오래 기다린 관리인이 화가 나서 퇴근해 버린 뒤였다. "우리는 안내해 줄 사람도 없이 눈밭 한가운데 서 있었죠." 헤이슬립이 웃으며 회상했다. 우여곡절 끝에 들어갈 수는 있었지만, 그들은 너무나도 전통적으로 보이는 공간에 실망하고 말았다.

위: 세일GP 최고 수준의 쌍동선들이 물 위를 달리고 있다.

“크리스가 나한테 ‘우리가 아직 안 간 데가 어디지?’라고 물었어요.”

— 네이선 크롤리

아래: 탈린의 린나홀. 소련 시대에 지어진 콘서트홀로 〈테넷〉의 오프닝을 촬영하기에 이상적인 곳이었다.

37쪽 위: 뭄바이 수로에 떠 있는 형형색색의 인도 페리들. 배경에 게이트웨이 오브 인디아가 보인다.

37쪽 아래: 무기 거래상 산제이 싱의 거주지로 선택된 뭄바이의 슈리 바르단 고층 빌딩.

다행히 오슬로는 그들을 따뜻하게 맞이해 주었다. 노르웨이 수도의 하얗게 빛나는 오페라하우스가 그 장면에 적합하지는 않았지만, 세 사람은 이후에 나오는 프로타고니스트와 닐이 조우하는 장면을 찍기에 완벽하다고 판단했다. 이 납작한 모던풍의 대리석 구조물 위로는 사람들이 걸어 다닐 수도 있었다. 견고해 보이는 데다, 브루탈리즘 건축물 특유의 기하학적 디자인은 크롤리가 오랫동안 찾았던 조건에 부합했다.

일행은 계속해서 오페라하우스 오프닝 신과 고속도로 추격 장면을 비롯한 후반 신들을 찍을 장소를 물색해야 했다. 크롤리는 당황한 채 공항에 앉아 있던 때를 회상했다. “크리스가 나한테 ‘우리가 아직 안 간 데가 어디지?’라고 물었어요.” 그 시점에서 얼마 전 일카 예르비라투리의 1993년 작 〈다크니스 인 탈린(Darkness in Tallinn)〉을 본 놀런은 에스토니아를 제안했다. “충동적인 선택이었죠.” 놀런이 말한다. “하지만 우리가 하려는 이야기는 소련 체제 붕괴 후의 배경에 잘 맞아떨어졌죠.”

다음 날, 에스토니아의 수도인 탈린에 도착한 그들은 1980년 구소련 시절에 모스크바 올림픽을 위해 지어진 4,200석 규모의 콘서트장인 린나홀로 향했다. 방치된 건물이어서 내부에는 제대로 된 조명 장치도 없었지만, 이 건물은 브루탈리즘 건축양식의 대표적인 예라고 할 수 있었다. “내부 전경을 보는 순간 ‘내가 발을 들여놓은 건물 중 가장 마음에 든다’라는 생각이 들었어요.” 크롤리가 말한다. “크리스와 나는 서로를 바라보며 말했죠. 무조건 여기서 찍어야 한다.”

탈린에서의 로케이션 헌팅은 라그나 대로를 발견하면서 정점을 찍는다. 도시 동쪽과 이웃 도시인 나르바를 잇는 이 대로는, 4차선에서 8차선으로 늘어나는 구간이 있는 점 등을 고려했을 때 고속도로 신을 촬영하기에 최적화된 곳이었다. 헤이슬립은 그곳에서 3주 촬영 허가를 받기 위해 바쁘게 움직였다. “즉시 시장, 시 정부, 총리를 거치며 지방 정부 당국과 대화를 시작했어요.” 7월에 수천 명의 인파가 도시로 몰리는 대규모 음악 축제가 열릴 예정이었지만 촬영은 강행되었다. “다들 협조해 줄 것처럼 보였어요.” 헤이슬립이 말한다.

하지만 그 예상은 빗나갔다. 2019년 4월, 당시 탈린 시장이었던 타비 아스가 사임하고 킥복서 출신의 미하일 콜바트가 그 자리를 이어받았다. 헤이슬립이 미국으로 돌아간 상황에서 에스토니아에 남아 있던 팀원들은 이미 아스 시장과 구두로 합의했던 내용을 최종 결정짓기 위해 콜바트와 만났다. 안타깝게도 신임 시장은 〈테넷〉 촬영을 돕는 데 관심이 없어 보였고, 촬영에 따른 피해를 최소화해 주기를 요구했다. “자신의 시민들을 보호하기 위해 최선을 다하고 있었죠.” 헤이슬립이 말한다. 그는 탈린으로 가서 콜바트를 만났다. “내가 말했죠. ‘제 얘기 좀 들어주세요. 우리는 이 도로를 꼭 써야 합니다’ 하며 애원했어요.” 결국 콜바트는 그 장소의 임시 폐쇄와 2주간의 촬영을 허락해 주었다. 충분한 시간은 아니었지만 헤이슬립은 어떻게든 가능하리라 생각했다.

탈린이 놀런의 원작 시나리오에 없었던 반면, 인도는 늘 이야기의 핵심 장소였다. 놀런과 크롤리는 이미 〈다크나이트 라이즈(The Dark Knight Rises)〉(2012)로 인도에서 촬영을 해 봤기 때문에 이 나라가 가진 독특한 이국적 매력을 잘 알고 있었다. 2019년 2월 첫 로케이션 헌팅 당시 뭄바이로 향한 놀런, 크롤리, 헤이슬립은 은둔한 무기 거래상 산제이 싱의 거주지가 될, 난공불락으로 보이는 고층 건물을 찾아 나섰다. 27층짜리 호화 저택 안틸리아가 첫 번째 후보였다. “이미 모두들 그 건물에 마음이 가 있었죠.” 크롤리가 회상했다.

쉽지 않은 협상 끝에 그들은 안틸리아 촬영을 허가받았지만, 크롤리와 놀런은 불만스러웠다. 크롤리에 따르면 건물주가 보안상의 문제로 "스태프 전원이 들어가진 못하게 했기 때문"이다. 다행히 좋은 대안을 찾을 수 있었다. 뭄바이 남부 브리치 캔디에 있는 슈리 바르단이라는 주거 지역이었다. 발코니에서 아라비아해가 보이는 이곳은 닐과 프로타고니스트의 번지점프 신을 드라마틱하게 연출하기에 적합했다.

그 외의 로케이션 장소로는 프리야와 프로타고니스트가 두 번째로 만나는 장소인 게이트웨이 오브 인디아, 프로타고니스트가 닐에게 전화해서 첫 만남을 제안하는 뭄바이 남부의 콜라바 시장 등이 있다. 역사적으로 유서 깊은 로열 봄베이 요트 클럽은 그 두 사람이 만나는 장소로 채택되었다. "너무 아름다운, 옛 식민지 시절의 건물이죠." 크롤리가 말한다.

다음 헌팅 장소는 영국이었다. 헌팅은 2월과 3월, 총 두 차례에 걸쳐 진행되었고, 이번에는 오테로와 호이테마가 합류했다. "솔직히 말하면 영국이 제일 뚫기 어려웠어요." 헤이슬립이 말한다. 이들이 초반에 거절당한 곳 중 하나는 런던 팔 몰에 있는 리폼 클럽이다. 프로타고니스트가 마이클 크로스비 경을 만나는 신으로 물망에 오른 곳이었다. 가상의 경매장인 시플리(대본상 캣의 고용주 이름)의 촬영지로 후보에 올랐던 곳은 세계적으로 유명한 소더비 경매 하우스이다. 하지만 소더비 측 운영 팀은 협조를 거부했다. 대신 런던 템스강 둑길 근처의 내셔널 리버럴 클럽이 촬영지로 채택되었다.

헤이슬립과 안드레아는 영국의 풍력발전소도 찾아 나섰다. 프로타고니스트가 풍력 터빈 안에 숨어 고문으로 인한 충격과 차후에 일어날 '자살'의 후유증에서 체력을 회복하는 장면을 위해서였다. 프리프로덕션 내내 이 장면을 어떻게 연출할지에 대한 논의가 오갔는데, 몇몇 팀원들은 사실상 하얀색 긴 관(tube)에 불과한 터빈의 내부를 세트로 재현하는 쪽이 낫다고 주장했다. "많은 대화가 오갔죠. '지금 우리 정신이 오락가락하나 봐. 그냥 바닥에 하얀 관을 만들고 거기에서 찍으면 되잖아?'" 안드레아가 말한다.

위: 아말피 해안의 절경을 관찰하는 크리스토퍼 놀런과 호이터 판 호이테마.

39쪽: (위에서부터 시계 방향) 크리스토퍼 놀런이 이글 마운틴 철광산에 있는 으스스한 분위기의 산업 폐허지를 시찰 중이다. 이 콘크리트 구조물은 〈테넷〉을 관통하는 브루탈리즘 분위기를 연출하는 데에 크게 기여했다.

하지만 놀런은 터빈의 독특한 구조를 스튜디오에 재현하는 것이 불가능하다 판단하고 로케이션 촬영을 결심했다. "이 부분에선 크리스가 주장을 굽히지 않았어요." 안드레아가 말한다. 불행하게도 영국에서는 적합한 풍력발전소를 찾을 수 없었다. 최종적으로 결정된 곳은 덴마크 뢰드비 항구에 위치한, 거대 전력 기업 E.ON.이 운영하는 풍력발전소였다.

탈린과 뭄바이를 왕복하는 여정이 포함된 두 번째 로케이션 헌팅 당시, 그들은 이탈리아 남부에 위치한 아말피(대본상 사토르가 거주하는 곳)도 방문했다. "이 괴인을 어디에 위치시킬지 고민하는 게 재미있었어요. 무서우면서 보기 불편한 장면들을 지구에서 가장 아름다운 곳에서 찍게 될 줄이야." 토머스가 말한다. 얼마 전 그녀는 놀런과 함께 아말피에서 휴가를 즐겼다. "매혹적이고 아름다운 곳이죠. 우리가 잘 찍는 그런 종류의 영화에도 어울리겠다는 느낌이 들었어요."

헌팅 초반에는 좋은 결실이 있었지만, 〈테넷〉의 클라이맥스 전투 신이 펼쳐질 스탈스크-12의 촬영지를 찾는 일은 쉽지 않았다. 크롤리는 심지어 몽골을 비롯한 세계 각지에 팀원들을 파견했다. "후반부를 찍으려면 도시 전체가 필요했어요." 크롤리가 말한다. "가고 싶은 마음이 전혀 안 들 것 같은 황폐한 곳이 필요했죠." 결국 LA에 있던 팀원이 추천한 캘리포니아주 인디오에 있는 이글 마운틴의 버려진 광산(조슈아트리 국립공원 인근)이 선정되었다. 입구에 돌출된 콘크리트 구조물이 있는 이 광산을 기반으로, 크롤리는 건설 스태프와 함께 브루탈리즘의 영향을 받은 소련 시대의 도시를 짓기로 했다.

〈덩케르크〉에 참여했던 시각특수효과 감독 앤드루 잭슨은 프리프로덕션이 시작되기도 전에 〈테넷〉 시각효과에 필요한 자료 조사에 들어갔다. 그의 첫 과제는 시간을 거슬러 앞뒤로 움직이는 액션 장면들을 만들어 내는 것이었다. 특히 분리된 두 개의 타임라인을 하나의 숏 안에서 만나게 하는 것이 관건이었다. 극도로 복잡한 고속도로 신 역시 신경 써야 할 부분이었다.

위: 아이맥스 카메라를 테스트 중인 크리스토퍼 놀런. 이 카메라는 역방향 촬영이 가능하도록 개조됐다.

자동차 추격 신은 프로타고니스트가 시간상 순방향으로 나아가는 것으로 시작된다. 이후 이 장면은 그가 인버트 상태가 되었을 때 다시 나온다. "같은 사람들, 같은 자동차들, 같은 사건들이 거꾸로 갈 때 또 등장하죠." 잭슨이 말한다. "그래서 같은 상태를 유지하는 게 중요했어요. 그래야 어느 타임라인에 입각해서도 그 사건을 바라볼 수 있으니까요. 모든 것이 들어맞았고, 일치해야 할 타이밍은 모두 정확히 맞췄죠."

잭슨은 애니메이션 소프트웨어인 마야(Maya)를 이용해 자동차 추격 신의 동선을 정확히 계산했다. 이는 1인칭 시점의 3차원 비디오게임을 하는 것과 비슷했다. "가상 세계를 탐험하는 느낌이었어요." 잭슨이 설명한다. "타임라인을 앞뒤로 오갈 수 있었죠. 언제든, 어디서든, 누구의 시선에서든 바라볼 수 있는 거예요……. 이후 수정을 통해 두 개의 타임라인이 정확히 대칭되도록 만들었죠."

놀런은 많은 감독이 즐겨 사용하는 전통적인 사전 시각화(소프트웨어를 사용해 카메라 앵글을 비롯한 신 전체의 동선을 정리하는 방법)를 선호하지 않는 편이다. 잭슨은 좀 더 상호적이고 가변성이 있는 대안을 제시했다. "나와 크리스가 이 방식의 진가를 발견한 순간이었죠." 잭슨이 말한다. 〈테넷〉의 시각효과 레이아웃 감독인 보디 클레어(잭슨과는 〈매드 맥스: 분노의 도로(Mad Max: Fury Road)〉(2015)에서 협업한 경력이 있다)는 오슬로 항구 장면 등 복잡한 신들에 쓰일 3D 애니메이션을 추가로 제작하기 위해 영입되었다.

거꾸로 진행되는 액션이 워낙 많다 보니, 놀런의 팀은 다양한 기법들을 연구하게 되었다. "카메라를 순방향으로 돌리고 연기도 순방향으로 할 수 있죠." 놀런이 설명을 시작했다. "아니면 카메라를 역방향으로 돌리고 연기도 역방향으로 할 수 있어요. 혹은 카메라를 역방향으로 돌리고 연기를 순방향으로 할 수 있죠. 또 카메라를 역방향으로 돌리고 연기도 역방향으로 할 수 있어요. 이렇게 네 가지 방식으로 구별해서 찍는 이유는 그때그때 강조하고 싶은 효과가 다르기 때문이에요."

특수효과 감독인 스콧 피셔는 폭발, 불, 증기 등의 요소가 거꾸로 재생되었을 때 어떻게 보이는지 테스트했다. "순방향으로 재생했을 때 멋지다고 해서 거꾸로도 멋진 건 아녜요." 그가 말한다. 피셔는 사토르가 연료에 불을 붙이지만 곧 얼음으로 변하는 장면에 심혈을 기울였다. 인버트 효과 때문에 열전달이 전환되는 한 예다. "대본으로 읽었을 때 '와, 이걸 어떻게 찍으려고?'라고 생각했어요." 문제를 해결하기 위해 그는 유리에 얼어붙은 서리를 불로 녹이는 과정을 촬영했고, 그것을 거꾸로 재생하니 완벽해 보였다고 했다.

가장 까다로운 실험은 놀런이 액션 신에 사용하기로 계획했던 아이맥스 카메라와 관련된 것이었다. "아이맥스 카메라는 거꾸로 찍은 예가 없었기 때문에 카메라 자체의 전자장치를 어떻게 운용할 것인가부터 고민해야 했죠." 호이테마가 말한다. 아이맥스 카메라는 네거티브 필름이 너무 큰 탓에 기기를 통과할 때 끼어 버리는 고질적인 문제점이 있다. "아주 섬세한 기계예요." 촬영감독이 말을 이었다. "그러니 반대로 돌리면 고민할 거리가 그만큼 많아지죠."

온전히 〈테넷〉 제작을 위해 아이맥스 렌즈가 개발되었다. 그중에는 극도로 디테일한 클로즈업 장면을 담을 수 있는 80mm 매크로렌즈도 있다. "아이맥스 카메라에 매크로렌즈를 쓴다니, 완전히 다른 세계예요. 너무 설렜어요." 호이테마가 말한다. "아이맥스 크기의 스크린에서 매크로 클로즈업을 구현한다는 건 믿기 힘든 일이에요." 아이맥스 카메라는 소음이 너무 큰 탓에 동시녹음을 할 수가 없었다. 따라서 호이테마는 동시녹음이 필요한 장면에서 65mm 5퍼포레이션 카메라를 사용했다. 거꾸로 촬영이 가능한 아리플렉스765도 사용되었다.

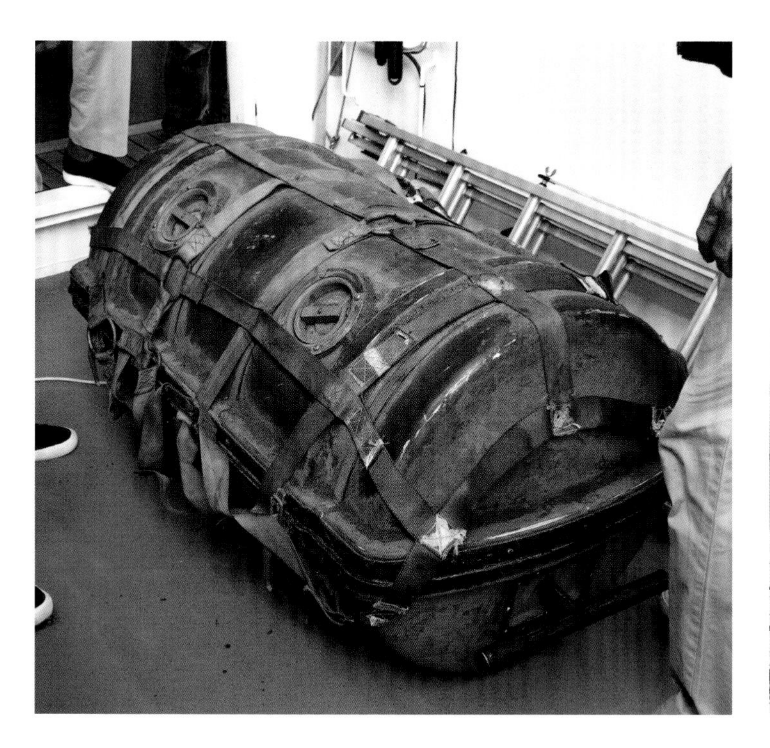

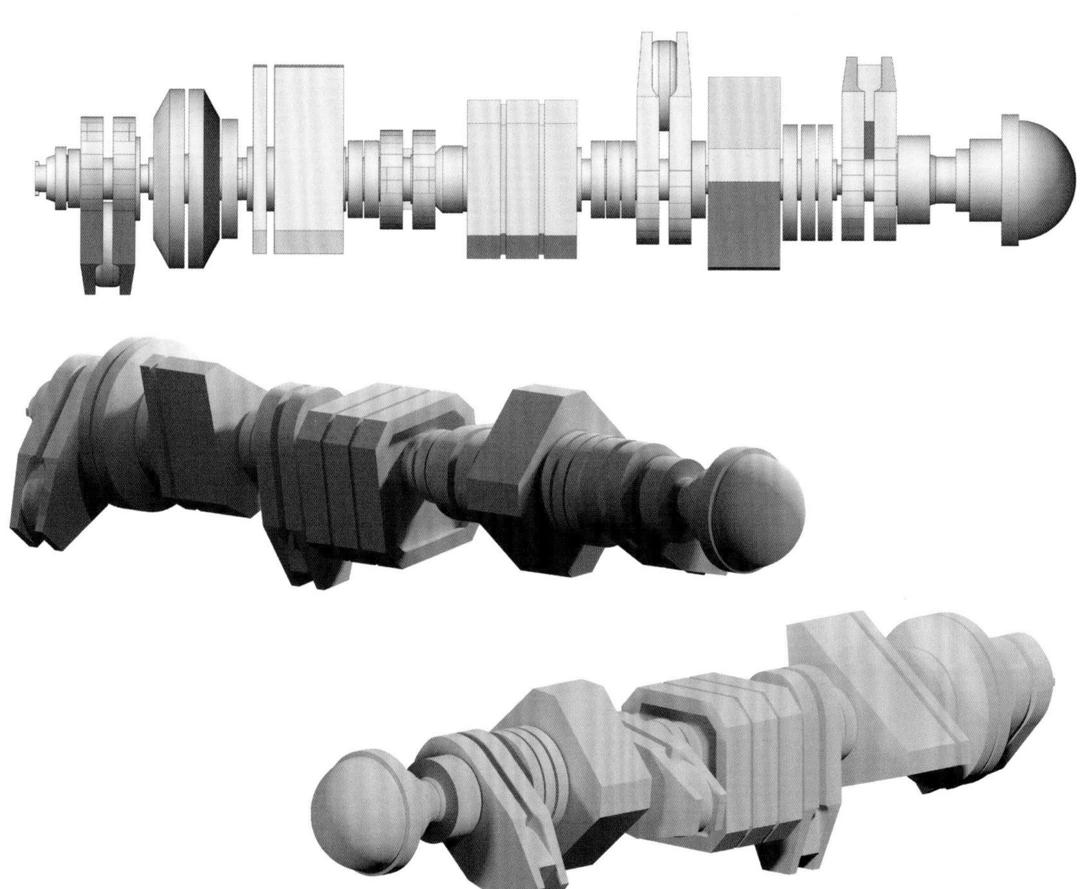

핵심적인 소품들도 프리프로덕션 기간에 제작되었는데, 그중에는 사토르가 미래에서 금을 전송할 때 사용하는 캡슐도 있다. 프로덕션 디자이너 네이선 크롤리는 본인이 참여했던 〈덩케르크〉의 영향을 받아 구명정 모양의 캡슐을 구상했다. 알고리즘(사토르가 찾는, 엔트로피를 조종할 수 있는 수학 공식)을 형상화하는 것은 만만치 않은 과제였다. "공식을 조각상 형태로 형상화하는 걸 상상했어요." 놀런이 말한다. "어느 단계에서는 알고리즘 자체가 소통 가능한 존재로 보이도록 느껴지게 말이죠."

놀런은 소품 디자인을 개발하는 과정에서 영국의 조각가 앤서니 곰리에게서 영감을 얻었다. "곰리가 인간의 형태를 박스로 표현하는 데서 영감을 받았죠." 대본에 '검은 금속으로 된, 기하학적으로 매우 복잡한 구조의 막대 혹은 봉'이라고 묘사된 알고리즘을 보고 크롤리는 크랭크축 같은 형태를 상상했다. 볼코프가 아홉 개의 부품 중 세 개를 재조립하는 장면을 염두에 둔다면 실제로 작동이 되도록 디자인을 해야 했다. 크롤리는 3D 프린터로 알고리즘의 다양한 프로토타입을 만들어 본 뒤, 소품 제작 팀에 최종 디자인을 전달했다.

위 오른쪽, 왼쪽: 사토르가 미래에서 금을 운반할 때 사용하는 타임캡슐.
왼쪽: 알고리즘의 3D 디자인. 크랭크축의 외양에서 영감을 얻은 소품이다.

위: 프로타고니스트 의상 2종 콘셉트. 의상 디자이너 제프리 컬랜드는 주인공이 "온갖 종류의 의상"을 다 착용했다고 말한다.

의상 디자이너 제프리 컬랜드는 이미 〈인셉션〉과 〈덩케르크〉를 통해 대형 프로덕션의 경험을 쌓은 베테랑이다. 하지만 〈테넷〉은 여러 나라를 이동하며 촬영하는 데다, 열 명 이상의 주조연, 수백 수천 명의 단역이 출연하고 구성마저 복잡하므로 여러모로 힘든 작업이 예상되었다. "한마디로 폭풍우였죠." 그가 웃으면서 말했다.

다른 프로덕션 팀원들과 마찬가지로 컬랜드는 2019년 1월, 일의 실마리를 풀기 위해 대본 분석을 시작했다. 프로타고니스트라는 인물에 어떻게 접근할지는 마이클 크로스비 경의 대사에서 큰 힌트를 얻었다고 한다. 크로스비는 프로타고니스트의 기성품 정장을 보며 얕잡아 보듯 "브룩스 브라더스(미국 기성복 브랜드의 하나—옮긴이)로는 곤란해"라고 말하고는 신용카드를 건넨다. "이 인물이 '에지'가 살아 있어야 한다는 단서를 읽을 수 있는 대목이죠." 길랜드가 말한다.

이 신을 위해 의상 디자이너인 컬랜드는 존 데이비드 워싱턴에게 정교하게 재단된 맞춤 정장을 입혔는데, 이는 프로타고니스트의 전체 의상 중 극히 일부에 불과했다. "스타일이 정말 폭넓었죠. 한 가지 스타일만 입은 게 아녜요. 그 순간에 무엇이 어울리느냐의 문제였어요." 이탈리아 아말피 촬영 당시 프로타고니스트는 찌는 듯한 더위 속에서 얇은 회색 폴로셔츠와 베이지색 바지를 입었고, 오슬로 오페라하우스 옥상에서는 옅은 회색 정장 안에 고동색 셔츠를 받쳐 입었다. "다 손으로 만든 거예요." 컬랜드가 덧붙여 말한다. "재킷, 정장, 셔츠, 넥타이 할 것 없이 전부 다요."

프로타고니스트가 특수기동대 유니폼, 형광 작업복, 방탄조끼 등 기능성 의상을 착용하는 장면도 다수 있었다. 뭄바이에서 촬영한 스턴트 장면에서는 갈색 바지와 오트밀색 폴로셔츠를 입고 그 위에 안전조끼를 착용했는데, 당시 컬랜드는 여러 벌을 준비해야 했다. "아마 존 데이비드 워싱턴 옷장에 같은 옷을 여덟 벌에서 열 벌 정도 걸어 놨던 것 같아요. 언제 어느 부위가 뜯어질지 모르니까요."

“어떤 의미에서 닐은 매력적인 불량배 느낌이죠.”

— 크리스토퍼 놀런

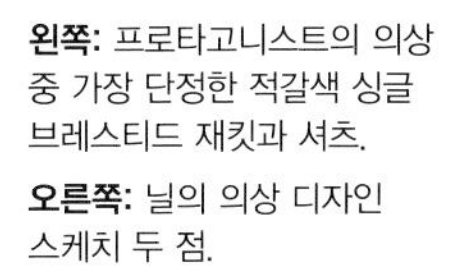

왼쪽: 프로타고니스트의 의상 중 가장 단정한 적갈색 싱글 브레스티드 재킷과 셔츠.
오른쪽: 닐의 의상 디자인 스케치 두 점.

프로타고니스트가 그렇듯 로버트 패틴슨이 연기하는 닐에게도 시그니처룩이 있다. 구겨진 리넨 정장에 선글라스를 착용하거나, 깃을 세운 싱글 브레스티드 재킷 위로 스카프를 무심하게 두른 모습이다. “대본을 읽는 순간 소설가 그레이엄 그린 같은 캐릭터가 떠올랐어요.” 컬랜드가 말한다. “크리스도 동의해서 이 방향으로 진행했죠.”

《아바나의 공작원》, 《조용한 미국인》 등을 집필한 그린은 해외에 주둔한 영국 정보요원 같은 모습으로 묘사되곤 했다. 한마디로 닐에게 딱 맞는 캐릭터라고 할 수 있었다. “어떤 의미에서는 매력적인 불량배 느낌이죠.” 놀런이 말한다. “그레이엄 그린의 소설에 나오는 인물들에게는 지친 느낌이 있어요. 하지만 냉소적이진 않죠. 닐은 이런 캐릭터들과 달리 따뜻한 면이 있거든요.”

닐의 정장은 프로타고니스트와는 다른 스타일로 정해졌다. “하지만 둘이 교차되는 지점도 있어요. 뭘 하고 있는지에 따라 서로 닮았다가 다시 멀어지곤 하죠.” 컬랜드가 말한다. 이러한 면모는 오슬로 항구에서 두 사람이 전통적인 정장을 입고 등장하는 장면처럼 주로 액션 중심의 신에서 나타난다. 여기에서 컬랜드는 포켓 행커치프로 닐의 포인트를 살렸다.

“여느 첩보물에서나 그렇듯, 어떤 인물을 향한 기대치에 부합하는 의상이 요구될 때가 많죠.” 놀런이 말한다. “그래서 정장을 입어야 할 때도 있고 전술에 필요한 복장을 착용할 때도 있어요. 또 어떤 때는 캐주얼을 입죠. 제프리는 상황에 따른 의상의 기능성에 충실했어요. 동시에 인물들이 각자의 개성을 갖도록 해 줬죠.”

의상을 매개로 인물과 소통하는 컬랜드의 능력은 엘리자베스 데비키가 연기한 캣을 통해 더욱 부각되었다. “비싸지만 사치스럽진 않아요.” 캣의 의상에 대해 컬랜드는 말한다. “옷 입는 취향도, 보디랭귀지도 보수적인 성향을 띠죠. 사회적으로 어느 정도의 위치에 있었으니 돈도 많았을 거예요. 하지만 과시하기 좋아하거나 상표에 신경 쓰는 성격은 아니죠. 보수적인 룩이지만 고급스러워요.” 이따금 캣의 의상에 밝은색이 들어가는 경우가 있는데, 일례로 고속도로 추격 신에서 입고 있는 새빨간 스커트와 재킷을 들 수 있다.

아들 맥스를 데리러 사립학교에 갈 때 캣은 하이넥 재킷에 스커트를 입는다. 또 다른 학교 신에서는 파우더블루 색상의 미디원피스를 착용했는데, 두 장면 모두 하이힐을 신고 있다. “엘리자베스처럼 키가 190센티미터인 아름다운 여성이 있을 땐 두 가지 길 중 하나를 선택할 수 있어요.” 컬랜드가 말한다. “낮은 힐을 신기거나 아니면 더 키우는 거죠. 우리는 후자를 택했어요. 엘리자베스가 아름답고 품위 있기 때문이죠.”

44쪽: (왼쪽부터 시계 방향) 캣의 디자인 콘셉트를 연구 중인 의상 디자이너 제프리 컬랜드. ▶캣의 의상 콘셉트와 스케치. ▼시플리 경매소 사무실에 있는 캣(엘리자베스 데비키). ◀의상 작업실에 여러 나라의 시간을 알리는 시계들이 걸려 있다.

위: (왼쪽 위에서부터 시계 방향) 캣의 의상 스케치와 최종 아트워크. ▶캣의 우아함을 강조한 제프리 컬랜드의 디자인. 두 의상이 매우 대조적이다.

케네스 브래나가 연기하는 사토르의 의상과 관련해 컬랜드와 놀런은 절제하는 쪽을 선택했다. 키워드는 캐주얼 리넨 셔츠와 바지, 중립적인 색감, 꾸미지 않은 듯한 모습 등이었다. "크리스는 사토르가 너무 눈에 띄는 걸 원하지 않았어요. 새끼손가락에 다이아몬드 반지를 끼고 롤렉스를 찬 집권층의 모습은 피하려 했죠." 컬랜드가 말한다. "사토르는 단순한 친구예요. 자신만의 사명감을 따르죠. 전반적으로 절제된 인물이에요."

〈테넷〉에 나오는 모든 의상이 최고급 패션을 지향한 것은 아니다. 일부 의상은 실용성에 주안점을 두었다. 마틴 도노번이 연기한 페이를 예로 들 수 있다. "전직 CIA 요원이죠." 컬랜드가 추측하듯 이야기했다. "인물에게서 그런 면이 보여요. 정장과 넥타이에서도 느껴지고요. 그 인물을 보면 '저 사람은 CIA가 분명해!'라는 생각이 들죠." 클레망스 포에지가 연기한 바버라는 흰색 실험실 가운 아래, 멋보다는 기능을 우선시한 옷을 입었다. "과학자라는 걸 관객이 대번에 알았으면 좋겠어요." 컬랜드가 덧붙였다.

다른 인물들도 저마다의 개성을 부여받았다. 애런 테일러-존슨이 연기한 부사관 이브스는 녹색 베레모로 그의 부하들과 차별을 두었다. "계급을 보여 주는 장치죠." 컬랜드가 말한다. "혼자만 그걸 쓰고 있잖아요." 마이클 케인이 연기한 크로스비는 네이비색 맞춤 정장에 포켓 스퀘어(남성용 정장 윗옷의 가슴 주머니에 꽂는 사각형 손수건—옮긴이)와 밝은 노란색 넥타이로 포인트를 주었다. 어두침침한 배경 속에서 은은하게 부각되어 보이게 하려는 의도였다고 컬랜드는 설명한다.

다양한 의상 디자인이 집결되자 컬랜드와 그의 팀은 미국에서의 프리프로덕션 단계에서 재단하고 꿰매는 작업을 시작했다. 프리야가 프로타고니스트와의 첫 만남 때 발코니에서 입고 있는 녹색과 금색의 사리(인도 전통 의상)도 이 시기에 제작되었다. 촬영이 시작된 이후 현장에서 만들어진 의상들도 있다. "두세 나라 일정은 앞서서 제작하려고 끊임없이 노력했죠." 컬랜드가 말한다.

메이크업 팀장인 루이자 아벨은 〈인셉션〉과 〈덩케르크〉를 포함한 다수의 작품에서 이미 놀런과 같이 일한 경험이 있다. 하지만 이 베테랑에게도 〈테넷〉의 복잡한 구조는 큰 도전이 아닐 수 없었다. 아벨은 촬영 6주 전에 프리프로덕션에 합류해 놀런과 각각의 인물을 놓고 토론했다. 리서치 후 감독에게 콘셉트를 보여 주는 과정이 진행되었고, 동시에 세 대륙에 개별적인 메이크업 팀을 꾸렸다. 이 시기에 아벨은 대본을 면밀하게 분석했다. "신을 하나하나 쪼개서 분석해요. 모든 인물이 어디에서 어떻게 변화하는지 체크하고, 이야기를 전달하는 데 도움이 되는 외양을 만들어 나가죠."

예를 들어 프로타고니스트는 처음 등장할 때 '일반적인 모습'으로 통용되는 기본 외양을 하고 있다. 장면 간의 완벽한 연결을 위해 분장 팀은 영화 내내 정밀하게 다듬은 턱수염을 유지해야 했다. 이 모습은 상처가 나거나 먼지가 묻지 않은, 말 그대로 흠집 하나 나지 않은 상태다. "프로타고니스트가 누구인지 시각적으로 관객의 이해를 돕는 요소죠." 그녀가 말한다. 키예프 오페라하우스 오프닝 신에 뒤이어 프로타고니스트가 철도 차량 기지에서 고문을 당하는 장면이 나온다(아벨은 이때 배우의 얼굴에 베인 상처, 멍, 핏자국을 더하고 눈에 혈관이 터진 모습을 표현하기 위해 수작업으로 만든 콘택트렌즈를 착용시켰다). 이처럼 상처 입은 분장을 할 때는 조감독, 각본 기록 감독 등 핵심 스태프와 긴밀한 소통을 해야 한다. "매일 실시간으로 분장 변화 상황에 대해 메모를 주고받는 건 좋은 방법이에요. 모두가 놓치는 부분 없이 상황을 공유하고 있다는 걸 알 수 있으니까요."

아벨은 놀런, 패틴슨과 함께 닐의 메이크업 디자인에 대해 논의했다. 아벨은 이렇게 말한다. "닐의 메이크업은 제프리 컬랜드의 의상과 조화를 이루도록 디자인됐어요. 태닝이 되어 있고 땀을 흘리는, 완벽함에서 살짝 벗어난 얼굴이죠." 닐의 메이크업은 프로타고니스트의 깔끔한 외모와 대조를 이룬다.

캣의 메인룩은 우아함 그 자체다. "아름답고 숨 막히는, 한마디로 여신의 모습이죠." 아벨의 표현이다. 캣의 메이크업에는 인물의 여정에 따른 여러 차례의 변화가 있다. 사토르가 인버트된 총알로 캣을 저격하는 장면에선 이러한 상황에 맞는 상처를 표현할 방법을 찾아야 했다. 아벨은 놀런에게 캣의 몸을 반대로 관통해서 남긴 상처에 관련된 다양한 콘셉트를 제시했다. "거꾸로 날아간 총상을 어떻게든 표현해야 하니, 특별한 상황이죠." 아벨이 회상했다. "크리스와 회의를 통해 결론을 내렸어요. 처음에 생기는 상처는 크고 비교적 더 많이 찢어진 날것의 모습이라면, 이후에 생기는 상처는 아문 모습이죠." 아벨은 서로 다른 두 단계의 상처 디자인으로 놀런의 뒤집힌 세계에 완벽하게 부합하는 특수 분장을 완성했다.

아벨은 사토르의 메이크업을 디자인할 때 컬랜드가 만든 빌런의 의상과 어울리도록, 전형적이지 않은 러시아 집권층을 표현하는 데 주력했다. 또한

〈덩케르크〉와 〈토르(Thor)〉에서 함께 일한 적이 있는 브래나의 분장에도 공을 들였다. "결과적으로 케네스의 외모를 조금 다르게 보이게 했어요. 턱수염을 더 짙은 색으로 만들었죠." 아벨이 말한다. "가공하지 않은 사악한 느낌이 더해졌어요."

아벨은 놀런과의 초반 미팅 이후, 사토르의 부하인 볼코프과 관련된 이미지들을 수집했다. 특히 가슴, 팔, 목, 손에 새겨질 타투 도안에 신경 썼다. 러시아 지하조직의 인물이 온몸에 타투를 하는 것은 매우 흔한 일이다. "타투를 리서치할 때 중요한 건 하나하나가 의미를 지녀야 한다는 거예요." 아벨이 말한다. "사실적으로 보여야 하니까 그런 부분을 중요하게 생각했죠." 모스크바의 유명한 성 바실리 대성당의 도안 등 실제 범죄자들의 몸에 있는 타투에서 영감을 얻었다고 아벨은 얘기한다.

놀런은 조연 캐릭터들도 꼼꼼히 챙겼다. 이브스와 관련해서 아벨은 이렇게 말한다. "크리스는 전투에 투입된 군인의 모습을 원했어요. 그런데 깔끔한 군인은 피하자고 했죠." 바버라의 경우, 인물에 어울리는 기능적인 메이크업을 택했다. "자연스러운 외양을 원했어요. 실내 연구실에서 오랜 시간을 보냈을 과학자의 모습을 묘사해야 했으니까요." 놀런은 언제나 리얼리즘을 강조한다.

46쪽 왼쪽: 사토르의 의상 콘셉트 2종. 절제된 디자인이 특징적이다.

46쪽 오른쪽: 프리야의 의상 콘셉트. 금색과 녹색이 들어간 사리.

위: 탈린 촬영 현장. 루이자 아벨이 조심스럽게 존 데이비드 워싱턴의 메이크업을 수정하고 있다.

CHAPTER 4

프리포트에서의 결투

“머리에 총 맞게 생겼는데 말이 많네.”

— 닐

〈테넷〉의 촬영은 2019년 5월 말에 LA에서 시작되었다. 놀런의 계획은 워너브라더스 스튜디오의 스테이지 23에서 촬영한 뒤, 유럽-인도를 거쳐 다시 LA로 돌아와 촬영을 마치는 것이었다. 오슬로의 프리포트에서 촬영한 첫 시퀀스는 기술적으로 많은 어려움이 따르는 장면이었다. 프로타고니스트와 닐이 로타스 건설 회사의 금고에서 마스크를 쓴 채 두 형체(한 명은 순행으로, 다른 한 명은 역행으로 움직인다)와 마주치는 장면인데, 영화에서 한참 뒤에 나오는 리프라이즈 장면(후에 변형되어 반복되는 장면—옮긴이)도 이때 촬영되었다. 인버트된 두 남자는 이전 장면에 나왔던 주인공들인 것으로 밝혀진다. 그들은 과거의 자신과 싸우는 것이다.

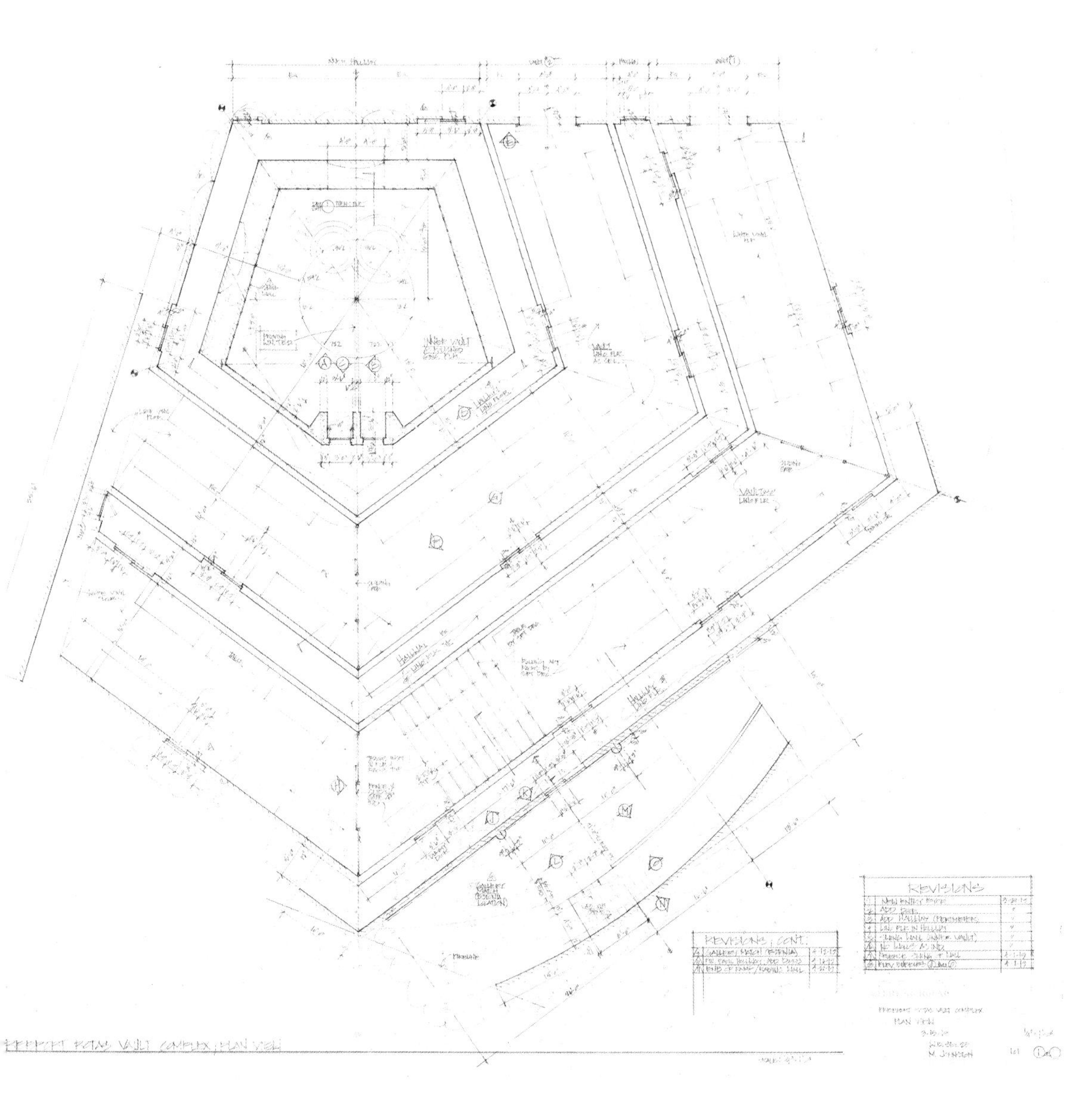

“최고로 복잡한 장면으로 시작하는 만큼 모두가 정신 바짝 차리고 부지런하게 움직였으면 좋겠다고 크리스가 말했어요.” 놀런과 여섯 번째로 협업한 스턴트 감독 조지 코틀이 회상했다. 오슬로 프리포트 액션 촬영은 극도로 복잡한 콘티와 역방향 움직임이 들어간 스턴트 덕분에 그만큼 고충이 따랐지만, 한편으론 스태프가 빠른 속도로 학습할 수 있는 계기가 되었다. “우리가 촬영 내내 직면해야 할 요소가 다 포함돼 있었죠.” 조감독 닐로 오테로가 말한다.

에마 토머스는 〈인셉션〉에서도 같은 방식으로 접근했다고 말한다. 당시 촬영 작업 중 기술적으로 가장 어려움이 따르는 것은 회전하는 호텔 복도 신이었는데, 이 신을 제일 먼저 촬영했다. “〈테넷〉 팀에서 그 금고 장면으로 촬영 일정이 시작되길 원하는 사람은 아무도 없었어요.” 토머스가 말한다. “하지만 크리스와 나는 가장 어려운 신으로 시작하고 싶었어요. 세트 촬영이기 때문에 최악의 경우 나중에 부분별로 보충 촬영을 할 수도 있겠다는 생각도 들었죠. 최상의 시나리오는 이 현장이 어떻게 돌아가는지 모두에게 성공적으로 교육하는 거였어요.” 특수효과 감독 스콧 피셔는 이렇게 회상한다. “우리가 어떤 상황에 직면했는지 깨달았어요.”

극 중 닐이 ‘예술 행위를 위한 환승 라운지’라고 표현한 오슬로 프리포트는 놀런의 대본에 펜타곤 디자인을 연상시킨다고 묘사되어 있다. 여기에서 관객은 처음으로 〈테넷〉의 회전문을 보게 된다. ‘밀폐된 회전식 문’이라고 대본에 묘사된 이 장치는 사물이나 사람을 미래에서 과거로 전송할 수 있다.

> “모두가 정신 바짝 차리고
> 부지런하게 움직일 수 있도록
> 엄청 복잡한 장면으로 시작하고 싶다고
> 크리스가 말했어요.”
>
> — 조지 코틀

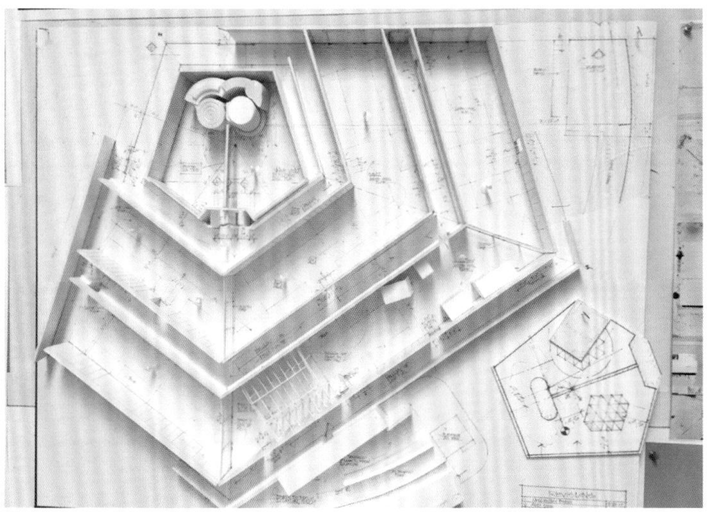

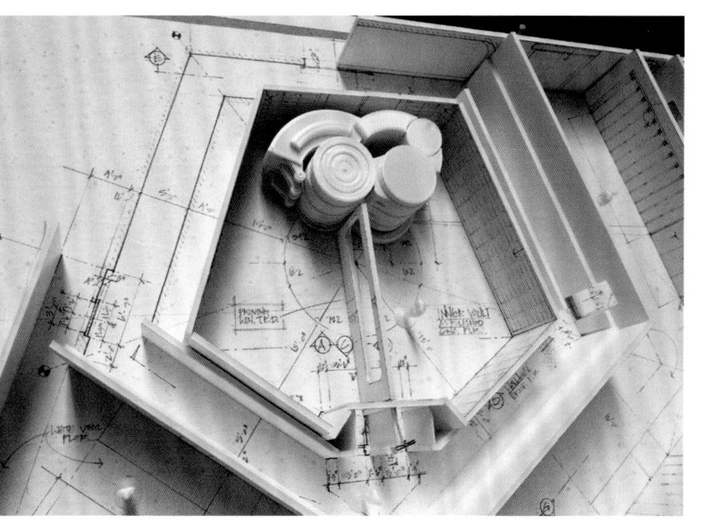

48~49쪽: 오슬로 프리포트 격투 장면에서 마스크를 쓴 상대와 교전 중인 존 데이비드 워싱턴.

50~51쪽: (위에서부터 시계 방향) 오슬로 프리포트 세트에서 크리스토퍼 놀런과 호이터 판 호이테마가 마스크를 쓴 배우 둘을 관찰하고 있다. 옆으로는 사토르의 회전문이 보인다. ▼가운데에 회전문이 있는 밀실 설계 디자인. ◀ 로타스 건설 회사 로고.

"인버트 기술에는 법칙이 있죠." 네이선 크롤리가 말한다. 회전문 한쪽에 인버트된 공기가 있고 다른 한쪽에 일반 공기가 있으면, 이 장치는 성질이 다른 두 공기의 분리 상태가 유지되도록 밀폐되어야 한다. 역행하는 이는 반드시 마스크를 써야 한다. "인버트된 공기 속에선 마스크를 써야 해요." 그가 설명한다. 그리고 유저가 회전문을 통과하면, 그 사람과 똑같은 사람이 반대편에서 회전문을 통과한다. 휠러가 프로타고니스트에게 말하는 '제1법칙'은 시간 순서대로 움직이고 있는 자신과 물리적 접촉을 해서는 안 된다는 것이다. 그래서 모든 회전문에는 둥근 모양의 '식별 창'이 장착돼 있다. 유저는 이 안전 창을 통해 또 다른 자신이 반대편으로 가는 것을 볼 수 있다.

크롤리는 3D 프린터를 사용해 오슬로 프리포트 회전문의 디자인을 키워 나갔다. 당시 그는 다른 신에 쓰일 크기가 각각 다른 세 개의 문을 염두에 두고 작업했다. 일반적인 회전문은 시각적으로도 매력적이지 않을뿐더러 밀폐 상태를 유지할 수도 없었다. "두 형체를 어떻게 돌릴 수 있는지에만 집중하기 시작했더니 갑자기 아이디어가 떠올랐어요. '원통이 두 개 있어야 한다.' 문이 달린 음료수 캔 두 개가 동시에 돌아가는 구조였죠. 가운데에 문이 닿는 부분은 밀폐돼 있어요. 회전하고 나면 인버트돼 있는 거죠. 두 개의 원통이 밀폐 상태를 유지해 주는 거예요."

크롤리는 런던 지하철에서 영감을 얻었다. 정확히는 과거에 워털루역과 뱅크역을 오갔던 둥근 모양의 알루미늄 열차를 보고 착안한 것이다. "우린 늘 환상적인 것을 보고도 일상적인 것으로 치부하죠." 크롤리가 말한다. 회전문이 보관된 로타스 건설 회사 세트에는 철사가 들어간 안전유리가 사용됐는데, 이 또한 세트 전반에 감도는 로테크(low-tech) 분위기를 살리는 데 일조했다.

위,아래: 네이선 크롤리가 디자인한 로타스 건물 금고의 회전문 미니어처.
53쪽 위: 로타스 회전문 세부 설계도.
53쪽 아래: 컴퓨터로 재현한 로타스 회전문 이미지.

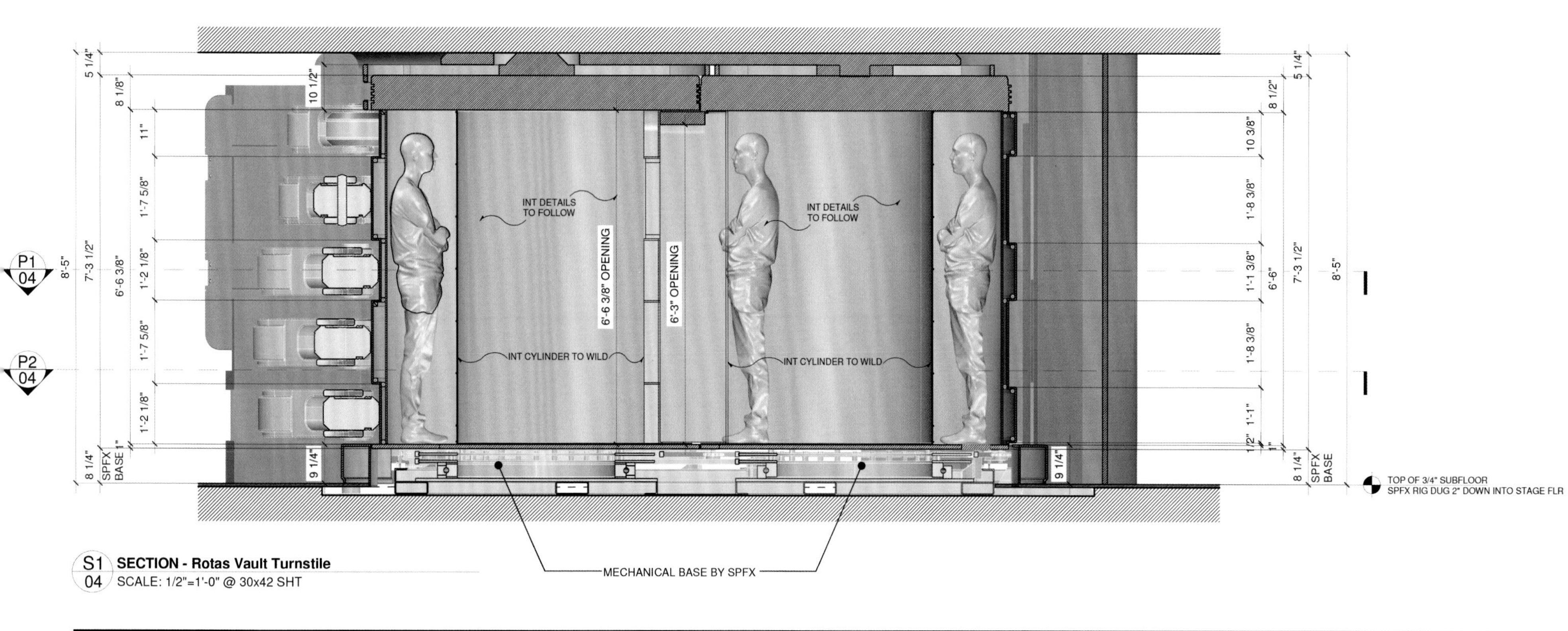

S1 04 **SECTION - Rotas Vault Turnstile**
SCALE: 1/2"=1'-0" @ 30x42 SHT

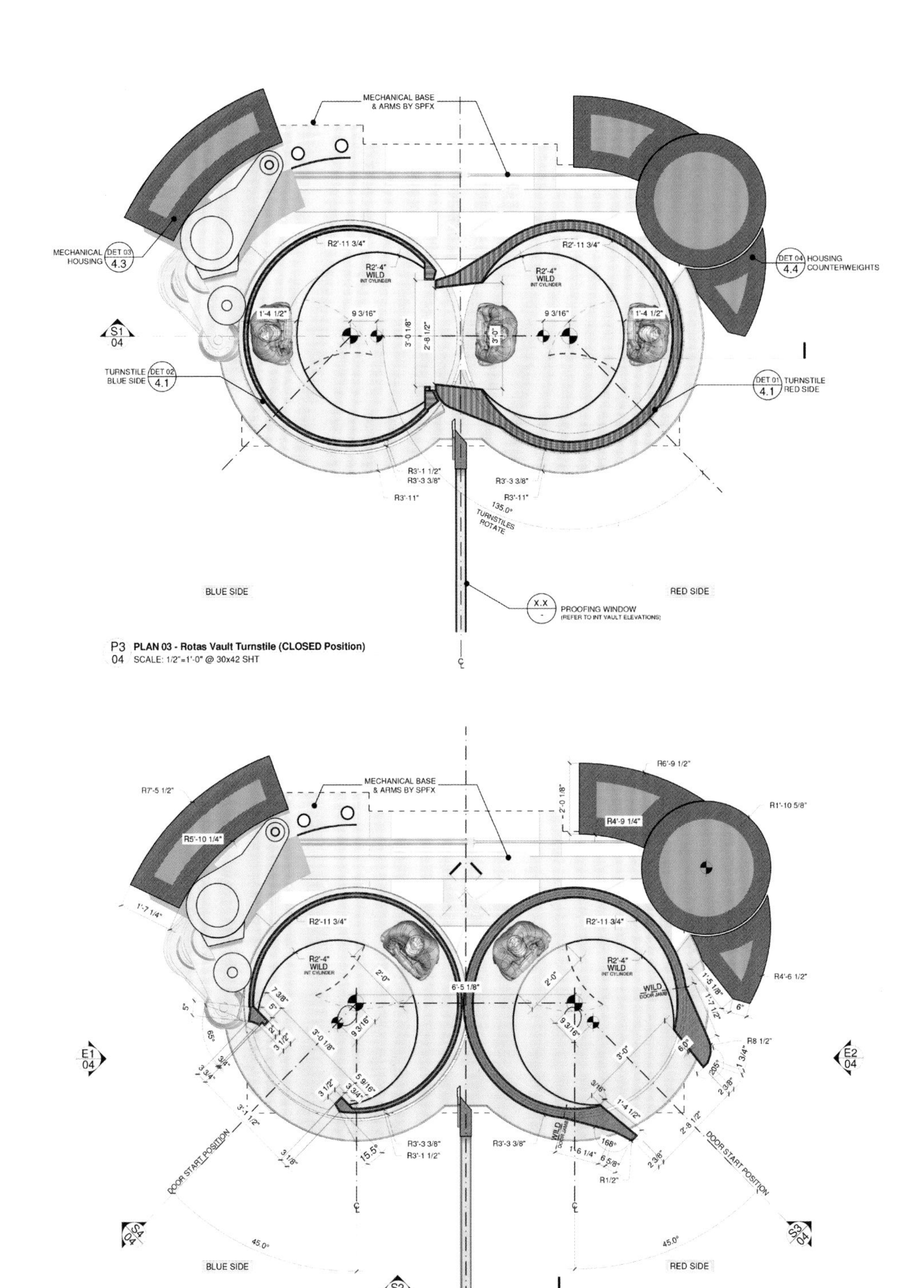

MERRY GO ROUND

DIRECTOR - C.NOLAN
PRODUCTION DESIGNER - N.CROWLEY

Set: OSLO FREEPORT - ROTAS VAULT COMPLEX		Supervising Art Director R.BRUEN/J.LEE	
Drawing: INNER TURNSTILE OVERALL		Construction Coordinator J.ONDREJKO	
Rev:	Date: 04/01/2019 Approved:	Scale: 1/2" = 1'-0"	
	Location: WB Stage 23	Set: 101	Drawing #: SHT 04
	Drawn By: A. ONORATO		

MERRY GO ROUND . Art Dept . 4000 WARNER BLVD . Bldg 131 . 818 977 8060

위: 로타스 회전문 단면도. 들어가는 사람을 인버트 시키는 두 개의 회전 실린더가 보인다.

왼쪽: 유리 분리대가 들어간 회전문 콘셉트 최종 디자인.

프로타고니스트와 닐이 유리에 난 총알 자국(프로타고니스트의 말에 따르면 '아직 일어나지 않은' 총격전으로 생긴 구멍)을 발견하는 순간은 이 신의 중요한 순간들 중 하나라 할 수 있다. 싸움이 시작되자 총알이 거꾸로 날아가며 흔적들이 사라지고, 동시에 총알이 관통한 자리로 연기가 빨려들어 가면서 사라진다. 이 장면은 시각효과 감독인 앤드루 잭슨과 스콧 피셔의 합작품이다.

총알이 최초로 충돌하는 순간은 압축공기를 사용해 테플론 구체를 태우는 방법을 이용해 연출됐고, 정확도를 높이기 위해 레이저로 조준됐다. "이 구체들은 유리를 관통한 뒤 분해되면서 완벽한 구멍을 남기죠." 피셔가 말한다. 이 방법은 너무 위험해서 배우를 가까이에 둔 채로는 쓸 수 없었다. 따라서 배우들이 실제로 연기할 때는 저압 에어건을 사용해 반투명의 윤활유가 들어 있는 캡슐을 발사했다. "터지면 꼭 유리에 총알구멍이 나 있는 것처럼 보여요." 그가 말한다. "존 데이비드나 스턴트맨의 머리에서 몇 센티미터 떨어진 곳에 쏘는 경우가 종종 있었죠." 피셔가 말한다. 그것은 배우의 연기를 돕기 위한 물리적인 신호였다.

이 총알 장면들은 발사체가 거꾸로 움직이는 효과를 나타내기 위해 역방향으로 촬영되었다. 그런 다음 총격전 신이 반대로 재생되는 장면을 위해 총알이 정방향으로 날아가는 장면도 촬영했다. 추후 피셔의 물리적 특수효과에 디지털 효과를 덧입힐 잭슨과 그의 동료들 또한 현장에 있었다. "나중에 다른 숏에 더해질 토대를 만드는 거였죠." 그가 설명한다. 유리에 총을 쏘는 장면은 후반 작업을 위한 기초공사라고 볼 수 있다. "우리 일은 스콧이 이미 만든 것을 조율하고 보강하는 거예요." 잭슨의 팀은 총알이 닿았을 때 연기가 나고 유리 파편이 튀는 타이밍에 집중했다.

56쪽 위: 건물 금고를 탐색 중인 닐과 프로타고니스트.

56쪽 아래: 닐(로버트 패틴슨)이 미래의 총알 자국을 관찰하고 있다. 로타스

57쪽: (왼쪽부터 시계 방향) 미래의 자신과 싸우는 프로타고니스트(존 데이비드 워싱턴). ▶밀실 격투 장면에서 아이맥스 카메라로 촬영 중인 호이터 판 호이테마. ▼적에게 붙잡힌 프로타고니스트.

58~59쪽: 오슬로 프리포트 격투 신에서 촬영 팀과 스턴트 팀이 역동적인 순간들을 만들고 있다.

액션과 관련해서는 스턴트 감독 조지 코틀과 파이트 코디네이터 잭슨 스피델(《존 윅(John Wic)》(2014)에서 키아누 리브스의 전담 스턴트맨으로 활약)이 협업했다. 이들은 배우들에게 특정 동작을 가르치기에 앞서 실력 파악을 위해 복싱, 구르기, 텀블링을 해 보길 주문했다. "어느 정도 훈련이 진행되자 크리스가 배우들의 액션에 만족하는 시점이 왔어요. 그제야 비로소 머리 아픈 작업이 시작됐죠. 거꾸로 싸우는 걸 연습한 거예요."

합을 맞춘 뒤 동영상으로 확인한 결과, 모든 동작이 멋있어 보이진 않았다. "반대로 공중제비를 돌고, 회전하고, 와이어 액션도 해 봤죠. 그런데 막상 거꾸로 돌려 보면 그냥 말이 안 되는 움직임이 돼 있는 거예요." 코틀이 말한다. "역행하는 움직임에 표현력을 살리기 위해 안무가 매들린 홀랜더를 영입했어요." 놀런이 말한다. "앞뒤로 일관성을 갖춘 격투 신을 만드는 일은 인내심을 요구하는 기나긴 작업이었죠."

존 데이비드 워싱턴에게 이는 커다란 과제였다. "여러 종류의 물리법칙을 애써 머리에서 지워야 했어요." 그가 말한다. 결국 워싱턴은 동작을 반복해서 연습하는 것만이 해결책이라는 결론을 내렸다. "생각하지 않고 할 수 있을 때까지 몸에 익히는 거죠." 전직 풋볼 선수였던 워싱턴은 근육들이 동작들을 기억할 때까지 많은 시간을 들여 연습했다.

IMAX
IMAX
IMAX

“분명 강 깊은 곳에서 출발했는데 더 깊은 곳이 나타난 거죠.”

— 크리스토퍼 놀런

촬영감독 호이터 판 호이테마는 카메라에 플레이백 시스템(현장에서 촬영한 것을 재생해서 보는 장치)을 장착했다. “한 테이크를 찍은 뒤 버튼 하나만 누르면 24프레임으로 역방향 재생을 할 수 있는 시스템을 만들었죠.” 놀런이 말한다. “난 평소에 플레이백을 사용하지 않아요. 하지만 이 영화에서는 다 같이 모니터 앞에 모여서 반대로 재생되는 걸 지켜봤죠. 즉석에서 잭슨 스피델과 그의 팀이 이야기에 맞게 효과를 입혀서 보기 좋게 만들어 줬어요.”

촬영 첫 주에 겪은 이 복잡함에 놀란 이들도 있었다. “뚜껑을 열자마자 이렇게 정신이 번쩍 들 줄은 몰랐어요.” 코틀이 말한다. “화요일이 지나갈 무렵, 이미 머릿속에선 격투 신을 다 찍은 것 같은 느낌이 들었죠.” 하지만 코틀과 그의 팀에게 그 주는 시작에 불과했다. 앞선 장면에서는 순방향, 이후에는 역방향으로 싸우는 프로타고니스트와 닐 각각의 시점의 커버리지 숏이 필요했던 것이다. “5일 동안 일분일초를 쥐어짜서 완성했죠.” 코틀이 말한다. “너무, 너무, 너무 힘든 한 주였어요.”

각본 기록 감독 스티브 게르케는 놀런의 악마적인 대본에 모든 스태프가 골머리를 앓았던 초반 과정을 회상했다. “이틀이 지난 상황에서 의상에 문제가 생겼어요. 우리가 옳다고 생각했던 것이 알고 보니 틀렸던 거죠. 의상 팀은 잘못된 의상을 입혔어요. 너무 헷갈렸죠.” 두 번째 격투 신에는 프로타고니스트의 외모가 세 가지 버전으로 나뉘어 있다. ‘앞서 등장하는’ 정장 차림의 프로타고니스트는 회전문에서 나와 ‘역행하며 싸우는’ 프로타고니스트를 대면한다. 이때 ‘순행하는’ 프로타고니스트는 반대 방향으로 움직인다.

촬영 첫 주는 도전의 연속이었지만, 스태프에게 절대적으로 필요한 경험이었다는 것이 증명되었다. “크리스는 극도로 복잡한 콘셉트를 생각해 냈어요. 그걸 우리에게 완벽히 이해시키기 위해 한 단계 한 단계 설명했죠.” 호이테마가 말했다. “작게 시작해서 크게 끝이 나요. 우리의 촬영도 그랬어요. 영화는 관객에게 무언가를 설명하죠. 그런데 우리는 촬영을 하면서 우리 자신에게 무언가를 설명해야 했어요.”

촬영 첫 5일이 지난 후, 놀런도 적잖이 당황했다. “너무 어려웠어요.” 그가 시인했다. “큰 도전이었죠.” 하지만 그는 어려운 시퀀스를 처음에 공략한 것이 옳은 선택이었다고 말한다. “사람들은 우리가 어떤 상황에 직면해 있는지 알아야 했어요. 우리의 숙제를 어떻게 풀어 갈지 시스템을 구축하고 강화해야 했죠.” 돌이켜 보면 이후에 더 어려운 신들도 있었다. “분명 강 깊은 곳에서 출발했는데 더 깊은 곳이 나타난 거죠.”

60쪽: 크리스토퍼 놀런이 세심하게 관찰하는 가운데 호이터 판 호이테마가 프로타고니스트를 클로즈업으로 촬영하고 있다.

위: 크리스토퍼 놀런의 설명을 들으며 신중하게 다음 동작을 연구 중인 존 데이비드 워싱턴.

아래: 액션 합의 일부를 직접 손보고 있는 놀런.

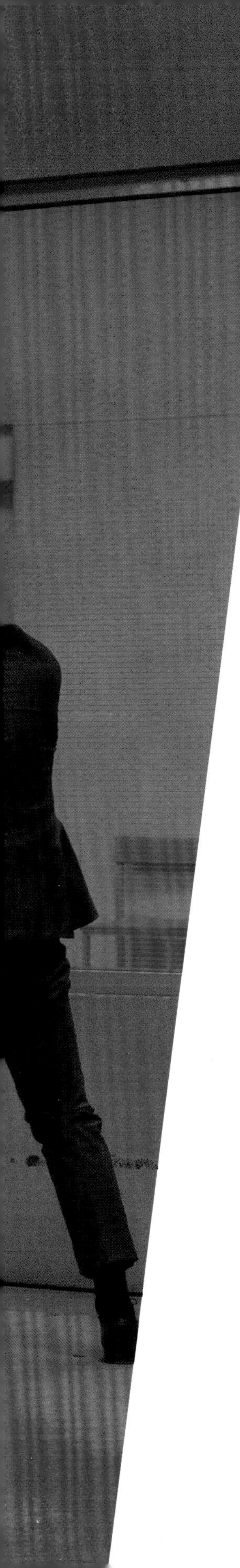

CHAPTER 5
목적지 없는 도로

"당신은 인버트되었지만 세상은 그대로야."

— 휠러

2019년 6월 14일, 〈테넷〉 팀은 32일간의 촬영을 위해 에스토니아에 도착했다. "우린 늘 관객의 눈에 익숙하지 않은 곳을 찾아다녀요. 탈린의 좋은 점은 이곳에서 찍은 할리우드 영화가 없다는 거예요. 정말 매력적인 부분이죠." 놀런이 말한다. 탈린에서 마지막으로 촬영된 대형 영화는 안드레이 타르콥스키 감독이 1979년에 만든 SF 고전 〈잠입자(Stalker)〉였다. '이전 영화들에서 본 적이 없는' 곳이었기에, 촬영감독 호이터 판 호이테마에게는 더할 나위 없이 입맛 당기는 촬영지였다.

62~63쪽: 탈린에 위치한 사토르의 창고에서 촬영 중인 〈테넷〉 팀. 포박당한 프로타고니스트.

위: 스콧 피셔의 특수효과 팀이 가솔린을 사용해 린나홀 외부에 폭발을 연출했다.

아래: 키예프 오페라하우스 습격 신에서 사용된 폭탄 소품.

촬영이 몇 주 진행된 시점이었다. 영화 전개상 전초전에 해당하는 키예프 오페라하우스 신을 촬영할 린나홀은 준비를 마친 상태였다. 청소 인력이 투입되었고, 조명 시설이 복구되었으며, 벽에 금이 간 부분들은 석고로 메워졌다. "처음에 봤을 땐 크고 단조로운 공산주의의 잔해 같은 인상을 받았죠. 천장에는 전구 하나가 대롱대롱 매달려 있었고요." 제작책임자 토머스 헤이슬립이 말한다. "그사이에 네이선과 로케이션 팀은 각자 맡은 일을 충실히 해냈어요. 우리가 돌아왔을 땐 색감 자체가 달라져 있었죠. 활력이 넘쳤어요. 동굴 같은 공간인 동시에, 가능성을 지닌 공간이었죠. 꿈을 꾸는 줄 알았어요."

단순히 외양만 개선된 것은 아니었다. 스콧 피셔가 이끄는 특수효과 팀은 총격전 신을 대비해 폭발 장치들을 설치했다. "서까래에 먼지와 인화성 물질이 잔뜩 끼어 있었어요." 그가 말한다. 테러리스트와 우크라이나 특수기동대가 맞붙는 오페라하우스 시퀀스에서는 위층 박스석 중 하나에서 폭발이 일어나는데, 이 촬영을 위해 반드시 이물질이 제거되어야 했다. 안전을 확보한 뒤, 피셔는 프로판가스를 사용해 린나홀 내부의 폭발 신을 연출했다. 같은 폭발이 극장 외부에서 바라본 관점으로도 촬영되었는데, 그때는 휘발유로 더 큰 폭발을 만들어 냈다.

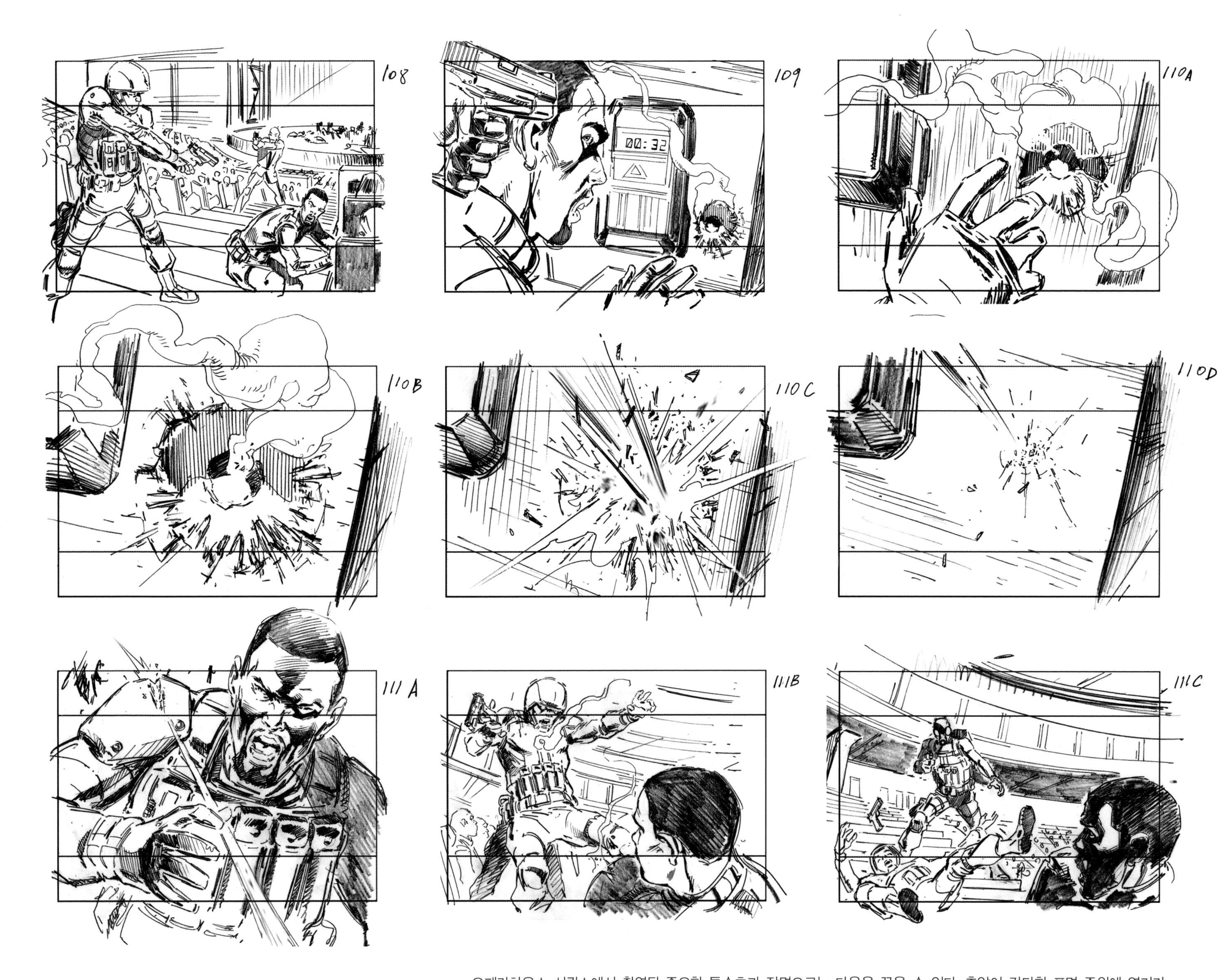

위: 〈테넷〉의 오프닝인 오페라하우스 신에서 프로타고니스트가 인버트된 총알에 맞을 뻔한 순간을 묘사한 스토리보드.

오페라하우스 시퀀스에서 촬영된 중요한 특수효과 장면으로는 다음을 꼽을 수 있다. 총알이 강타한 표면 주위에 연기가 일고, 곧이어 파손된 흔적이 사라지는 것을 프로타고니스트가 바라본다. 이어서 총알이 거꾸로 날아가 프로타고니스트의 어깨를 스친 뒤 특수기동대 요원의 몸을 관통한다. 이는 관객들에게 인버트의 개념을 소개하는 장면이다. 피셔의 팀은 세트에서 스모크 머신을 사용해 소량으로 피어오르는 연기를 연출했는데, 이 연기는 벽에 난 총알구멍으로 들어간다. 특수효과 팀은 곧이어 진공 펌프를 사용해 연기를 빨아들여서 거꾸로 움직이는 것 같은 효과를 연출했다.

린나홀은 극장 후원자들 역을 맡은 보조 출연진으로 채워졌다. 조감독 닐로 오테로는 그날 3,300명 정도가 동원된 것으로 짐작한다. "사람이 정말 많았어요." 그 인원을 영화에 출연시키려면 군대식으로 메이크업 및 헤어, 의상을 준비해야 했다. 메이크업 책임자였던 루이자 아벨은 촬영 몇 주 전부터 군대식으로 팀을 꾸려 린나홀 시퀀스에 대비했다. 보조 출연자들은 모두 촬영에 앞서 점검을 받았다. "배우들은 각자 그날 자신들이 어떻게 보여야 할지에 대한 안내를 받았어요." 아벨이 말한다. 보조 출연자 한 명 한 명의 모습에 차별을 두기 위해 촬영 전 구레나룻, 타투 등이 추가되었다.

사전 작업은 매우 효과적이었다. "원하는 모습과 비슷하게 준비해 온 배우에겐 '촬영 당일에도 그렇게 하고 오세요'라고 했죠." 아벨이 말한다. 이런 식의 시간 절약 방법들은 촬영 당일에 큰 도움이 되었다. 15명의 정예 팀원은 신속히 보조 출연자 한 명 한 명에게 분장을 해 주었다. "말 그대로 기계 같았어요." 아벨이 말한다. 그녀는 이미 〈덩케르크〉에서 엄청난 숫자의 영국 군인들을 분장한 경험이 있다. "일단 기계가 작동하기 시작하면 그때부터는 순조롭게 굴러가죠."

제프리 컬랜드도 비슷한 방식으로 제2차 세계대전이 배경이 되는 놀런의 영화에서 수백 명의 보조 출연자들에게 옷을 입힌 경험이 있다. "그건 특별한 경우였죠. 시대극이고 제복을 입었으니까요. 한 벌 한 벌 새로 제작했어요." 그가 말한다. 다행히 〈테넷〉에서는 기성복도 사용할 수 있었다. "그렇다고 더 쉬운 건 아니었어요. 하지만 적어도 모든 인원의 의상을 제작할 필요는 없었죠." 아벨의 팀과 달리, 컬랜드의 의상 팀은 수백 명의 보조 출연자들과 미리 만날 시간이 없었다.

"의상 피팅은 당일 세트장에서 이뤄졌어요." 그가 말한다. 가능한 경우에는 사전에 보조 출연자들에게 어떤 옷을 지참하라는 요청 사항이 전달되었다. 스타일, 색상, 실루엣은 물론, 옷의 상태도 고려해야 할 사항이었다. "크리스는 모두가 정장을 입는 걸 원하지 않았어요." 컬랜드가 말한다. "모차르트 콘서트가 아니니까요. 오페라하우스에서 오후에 열리는 콘서트이기 때문에 비교적 캐주얼한 차림을 원했죠."

토머스 헤이슬립은 현지 제작사를 섭외해 오픈 캐스팅으로 보조 출연자들을 모집했다. 가장 큰 우려는 첫날 촬영 이후 보조 출연자들이 흥미를 잃은 나머지 다음 촬영에 대거 불참하는 사태가 일어나는 것이었다. "다행히도 인원이 줄지 않았어요." 그가 말한다. "우리가 함께 작업해 본 최고의 보조 출연자들이었어요. 한 테이크를 찍으면 크리스가 '자, 다음으로 넘어갑시다'라고 말하죠. 그러면 그분들이 앉아 있다가 박수를 치는 거예요! 마치 다음 장면을 궁금해하는 공연 관람객처럼요."

그뿐만 아니라 이 보조 출연자들은 정확히 큐에 맞춰 연기했다. 특수기동대가 도착하는 순간, 눈에는 보이지 않는 가스가 분출되며 관객은 모두 잠이 든다. "크리스는 모든 사람이 동시에 잠들길 원치 않았어요." 오테로가 말한다. 조감독인 그는 관객이 파도타기 하듯 잠들 수 있도록, 일종의 안무를 짜야 했다. "가스가 공간에 퍼져 나가는 물리적 움직임이 눈에 보이길 원했어요."

이 신을 더욱 어렵게 만든 것은 존 데이비드 워싱턴을 포함한 특수기동대 요원들이 총을 쏘며 관객들 위를 타 넘고 다닌다는 설정이었다. 이 혼란 속에서 보조 출연자들은 '잠든 상태'를 유지한 채 움찔거려서는 안 됐다. "앵글에 잡히는 출연자들이 움직이지 않기만을 기도했죠." 오테로가 말한다. 그는 보조 출연자들의 움직임 때문에 테이크를 추가해야 하는 상황이 생길지도 몰라서 조마조마했다. 다행히도 그들은 임무를 완벽히 수행했다. "그분들께 얼마나 고마운지 말로 다 표현을 못 하겠어요!" 그가 덧붙였다.

66~67쪽: (위에서부터 시계 방향) 객석에 도착한 우크라이나 특수기동대. ▼연주자에게 총을 겨눈 테러리스트. ◀촬영에 앞서 토론 중인 크리스토퍼 놀런과 닐로 오테로. ▲린나홀에 동원된 엄청난 숫자의 보조 출연진을 바라보는 크리스토퍼 놀런.

68~69쪽: 테러리스트가 살포한 가스에 정신을 잃은 오페라하우스 관객들과 이때 도착하는 특수기동대.

워싱턴에게 이 신은 그의 배우 인생에서 체력적으로 가장 힘든 촬영이었다. "오페라하우스 안에서 마라톤을 시키더라고요." 그가 말한다. "존 데이비드는 그 시퀀스에서 체벌을 당한 거나 마찬가지예요." 오테로가 말한다. "아마 내가 같이 작업한 배우 중에 체력이 제일 좋은 것 같아요. 신체적 한계 지점까지 내몰렸죠." 에마 토머스도 동의했다. "그렇게 육체적으로 힘든 걸 해내다니. 정말 미치지 않고는 못 할 것 같아요."

오페라 시퀀스를 촬영하며 워싱턴은 스턴트 감독인 조지 코틀, 전직 해병 스나이퍼이자 네이비실 출신인 더피 기버와 긴밀하게 작업했다. 두 스턴트 감독은 배우와 리허설을 하는 외에도, 50명의 스턴트맨이 특수기동대 요원, 테러리스트, 오케스트라 단원 등을 연기하는 것을 지도했다. 코틀은 사전에 캘리포니아 시미 밸리에 있는 사격장에서 워싱턴과 로버트 패틴슨에게 전문가 수준으로 총기 다루는 법을 교육했다. "사격장에서 진짜 권총, 진짜 라이플, 진짜 샷건을 쥐여 줬죠." 코틀이 말한다. "모조 총을 드는 것과 누군가를 죽일 수 있는 총을 드는 건 전혀 다른 문제예요."

호이테마는 카메라 동선을 짜는 데에서 자신과 놀런 둘 다 지나치게 세심한 편이라고 말한다. 그는 핸드헬드 숏, 달리 숏, 스테디캠 숏을 섞어서 촬영한다. "좋은 배합이죠." 호이테마가 말한다. "어떨 땐 액션에 속도가 붙고, 어떨 땐 속도가 잦아들어요. 지나치게 걱정하지 않으려고 주의했어요. 과한 고민은 지양하자는 주의죠. 거칠고 본능적인 상황이 될수록 차분하게 중심을 지키며 접근하려고 해요."

위: 특수기동대 복장을 착용한 존 데이비드 워싱턴이 크리스토퍼 놀런과 함께 오페라하우스 시퀀스에 대해 논의 중이다.

아래: 프로타고니스트에게 총구를 겨누는 한 대원.

오른쪽: 크리스토퍼 놀런이 전투를 앞둔 특수기동대를 살펴보고 있다.

린나홀을 제외하더라도 탈린의 여러 곳에서 촬영이 이뤄졌다. 일례로 철도역 구내에서 프로타고니스트가 누군가에게(웨일스 출신의 배우 앤드루 하워드가 연기한 인물) 공격당하는 장면이 있다. "탈린시 관계자들은 촬영에 우호적이었어요." 프로덕션 디자이너 네이선 크롤리가 말한다. "우리가 직접 조종할 수 있는 대형 기차 두 대를 구할 수 있냐고 물었더니 '그럼요. 문제없어요'라고 하는 거예요." 기관차 두 대와 객차 여러 대가 제공되었고, 기관사들까지 동원되었다. "우리를 위해 매일 기차를 몰아 줬어요. 너무 기뻤죠." 크롤리가 말한다.

위: 어떻게 뒤로 넘어갈지 존 데이비드 워싱턴에게 설명 중인 크리스토퍼 놀런.

아래: 웨일스 출신 배우 앤드루 하워드와 존 데이비드 워싱턴이 프로타고니스트가 고문당하는 신을 찍고 있다.

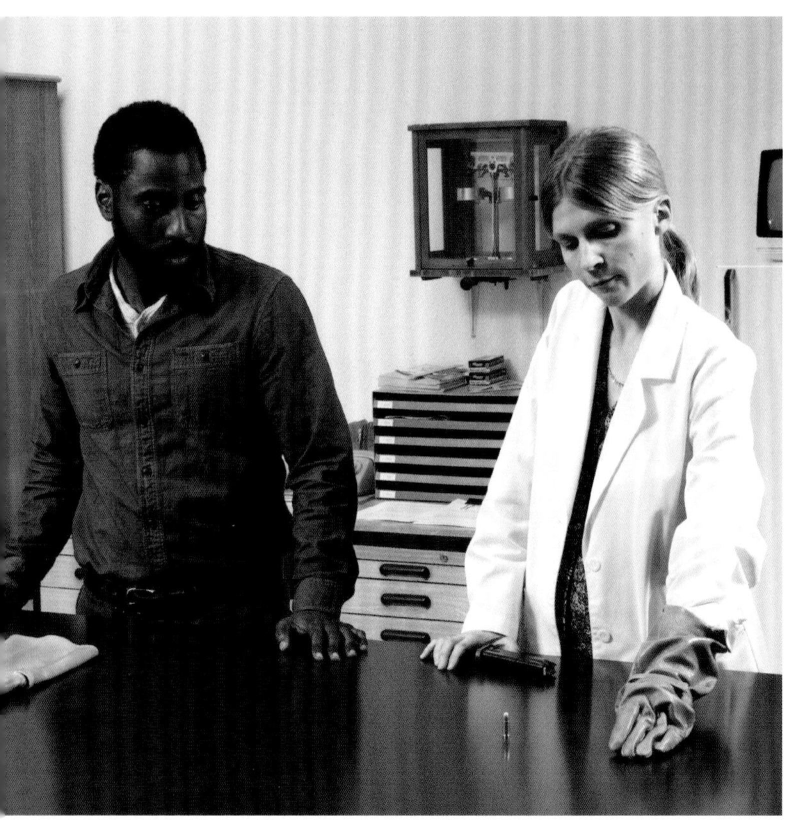

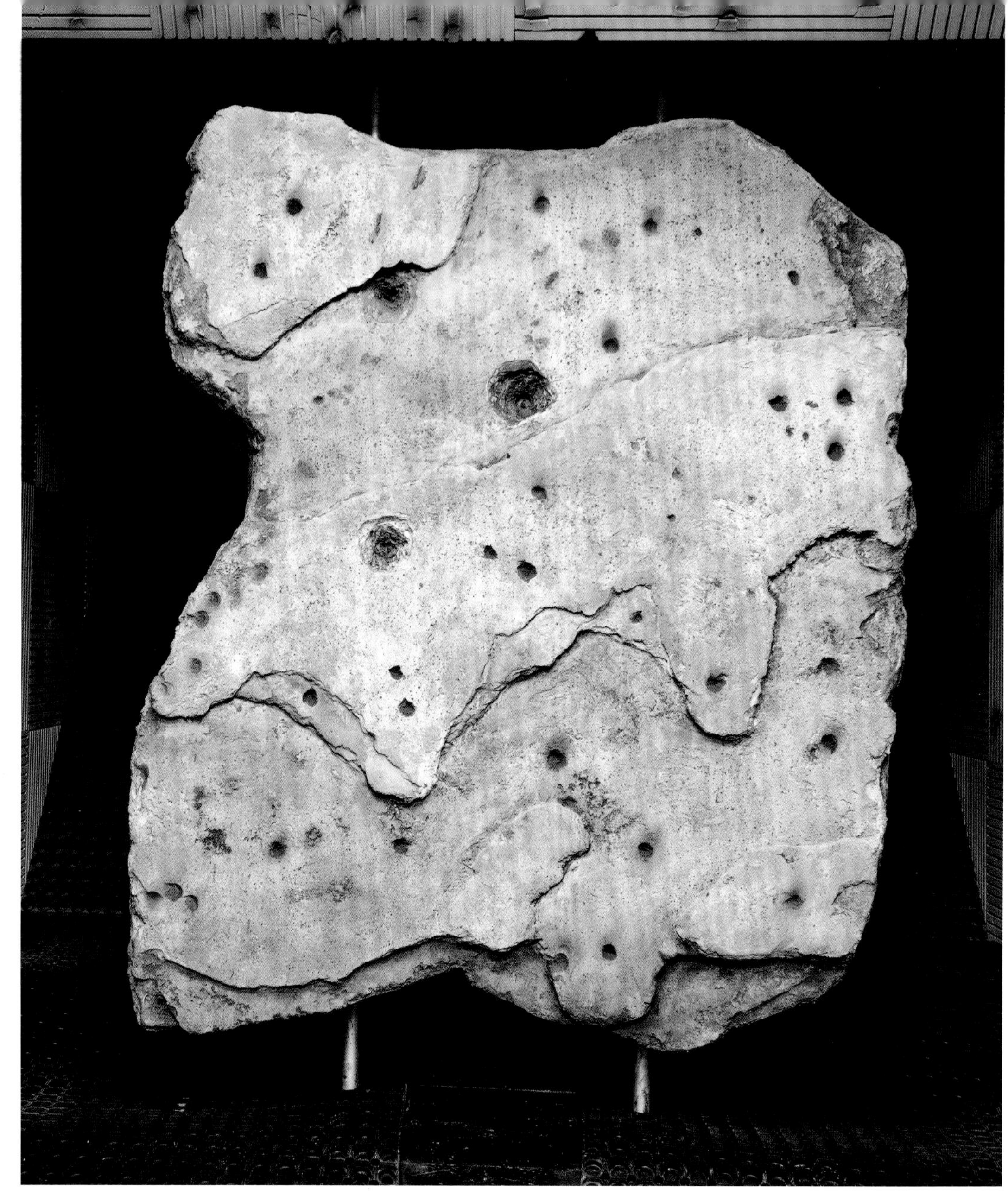

또한 바버라의 사무실 세트를 짓는 데는 탈린의 옛 법정이 섭외되었다. 프로타고니스트는 이곳에서 처음으로 인버트의 개념에 대해 배운다. 바버라가 거꾸로 날아가는 총알을 보여 주는 사격장도 이곳에 지어졌다. 오슬로 프리포트 신과 비슷하게, 이때도 총알구멍이 사라진다. 사격장 반대편에 있는 콘크리트 타깃의 총알 흔적이 사라지고, 프로타고니스트가 들고 있는 총으로 탄피가 되돌아가는 것이다. 스콧 피셔의 팀은 이 장면을 위해 사격장 타깃에 폭죽을 심어 두었다. 이 폭죽이 터지면 코르크, 석고, 콘크리트가 터져 나온다. 폭발 장면은 거꾸로 촬영되었고, 이후 앤드루 잭슨이 이끄는 특수효과 팀의 디지털 작업을 통해 보강되었다.

왼쪽 위: 프로타고니스트에게 인버트된 총알을 설명하는 바버라.

오른쪽: 사격장의 콘크리트 타깃. 프로타고니스트는 이 사격장에서 거꾸로 움직이는 총알을 목격한다.

왼쪽 아래: 조준하는 프로타고니스트와 이를 지켜보는 바버라.

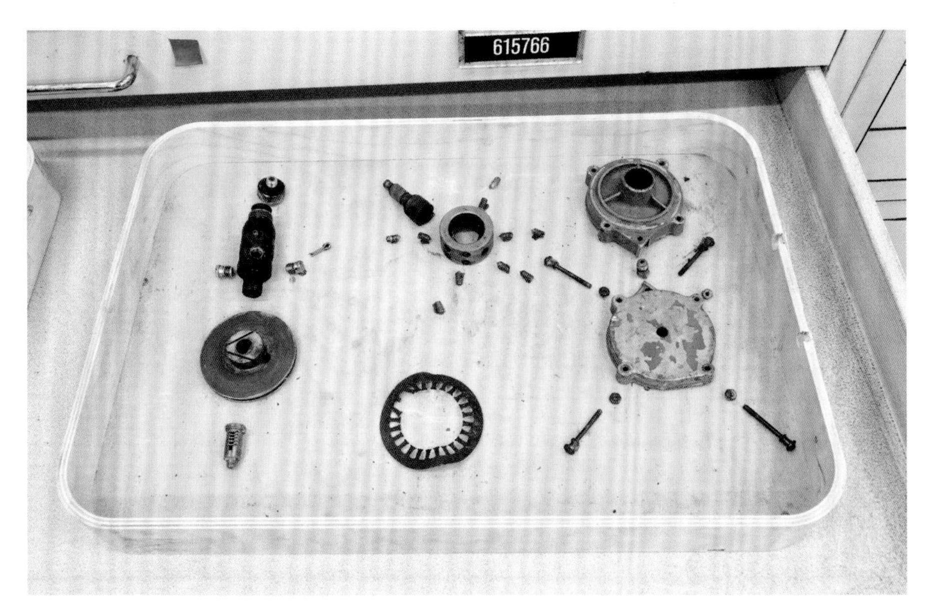

"소소한 부분에서 와이어 장치를 많이 썼어요. 손을 뻗으면 사물들이 다시 손으로 돌아가는 거죠."

—스콧 피셔

바버라는 창고에서 프로타고니스트에게 '앞으로 닥칠 전쟁의 잔해'를 보여 준다. 크롤리는 이 장면을 위해 채색된 배경막을 설치해 공간이 확장된 것처럼 보이도록 연출했다. 서랍이 열리면 인버트된 사물들이 튀어나오며 바버라와 프로타고니스트의 손으로 날아가 쥐어진다. "소소한 부분에서 와이어 장치를 많이 썼어요." 피셔가 설명한다. "손을 뻗으면 사물들이 다시 손으로 돌아가는 거죠."

왼쪽: 미래에서 전송된 "앞으로 일어날 전쟁의 흔적".

오른쪽: 바버라의 보관실. 뒤쪽은 네이선 크롤리가 착시 효과를 이용해 만든 평면으로 된 세트이다.

아래: 존 데이비드 워싱턴과 클레망스 포에지의 신을 준비 중인 크리스토퍼 놀런과 호이터 판 호이테마.

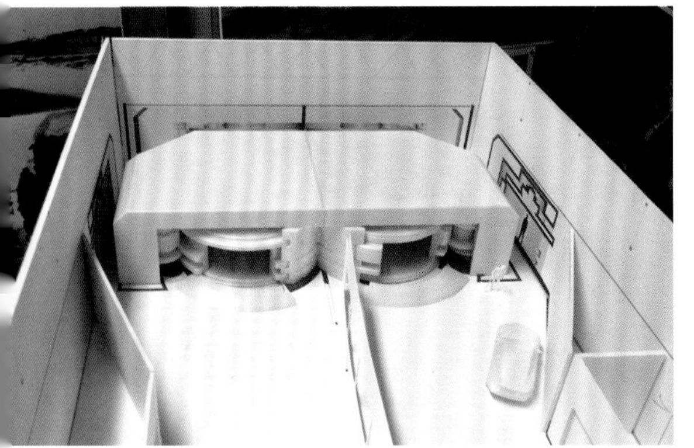

오슬로 프리포트 습격에 뒤이어지는 브리핑 신에서 프로타고니스트는 닐에게 '시간을 쟁탈'하려는 냉전이 일어나고 있다고 말한다. 장소는 힐튼 탈린 파크 호텔이었다. 두 번째 프리포트의 실내는 창고를 개조한 방음 스튜디오에 재현되었다. 이곳은 사토르가 처음에 등장했던 회전문보다 큰 두 번째 회전문을 보관해 둔 곳이다. 인물들은 고속도로 추격전 직후, 대본상 탈린 선착장 근처라고 명시된 이곳에서 모인다. 애초의 계획은 탈린 프리포트의 실내를 LA에 짓는 것이었지만, 애초에 탈린에서 촬영해야 할 분량이 너무나 많았다. "그래서 탈린에 세트를 짓기로 했죠." 크롤리가 말한다. 탈린으로 소집된 영국의 건설 담당자들은 파인우드 스튜디오에서 미리 제조된 자재를 조립해서 세트를 만들었다.

자동차가 통과할 수 있을 정도로 큰 두 번째 회전문은 탈린 프리포트 실내 세트의 분위기를 압도했다. 오슬로 프리포트에서 사용된 알루미늄 스타일 첫 버전이 제작된 시점에서 크롤리와 놀런은 두 번째 회전문은 첫 번째 것과 대조되도록 콘크리트 원통 형태로 만들기로 합의했다. "커다란 콘크리트 드럼통이 회전하면 괴상하고 묵직한 느낌이 들죠." 크롤리가 말한다. "금속 부품은 줄이고 공업용 콘크리트에 더 비중을 뒀어요. 당시 브루탈리즘 테마에 심취해 있었기 때문에 더더욱 설렜죠."

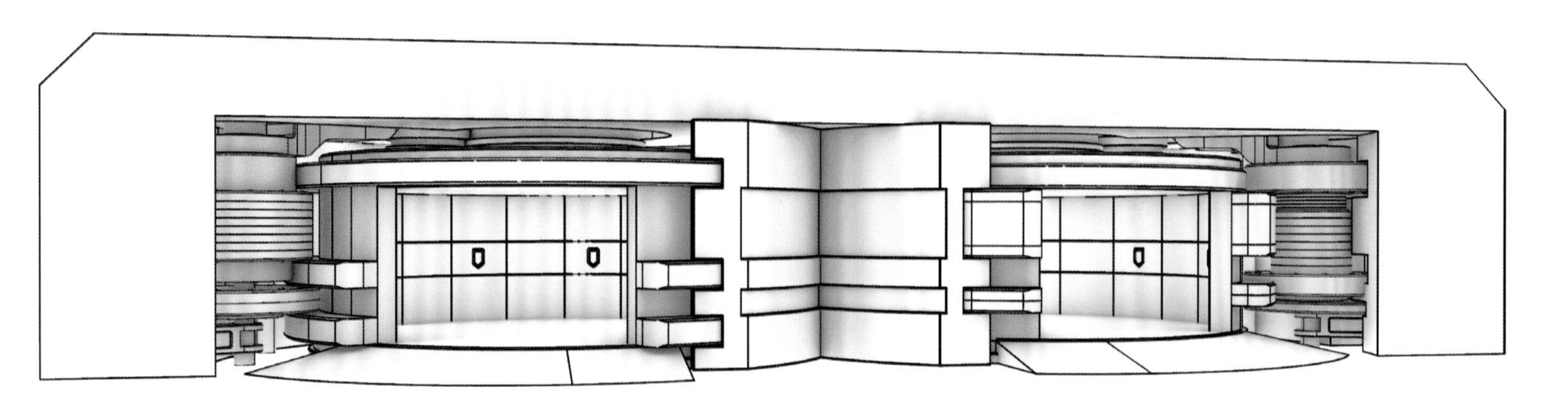

위: 탈린 프리포트 회전문의 콘셉트 디자인.

가운데: 회전문 미니어처.

아래: 탈린 프리포트 회전문 스케치.

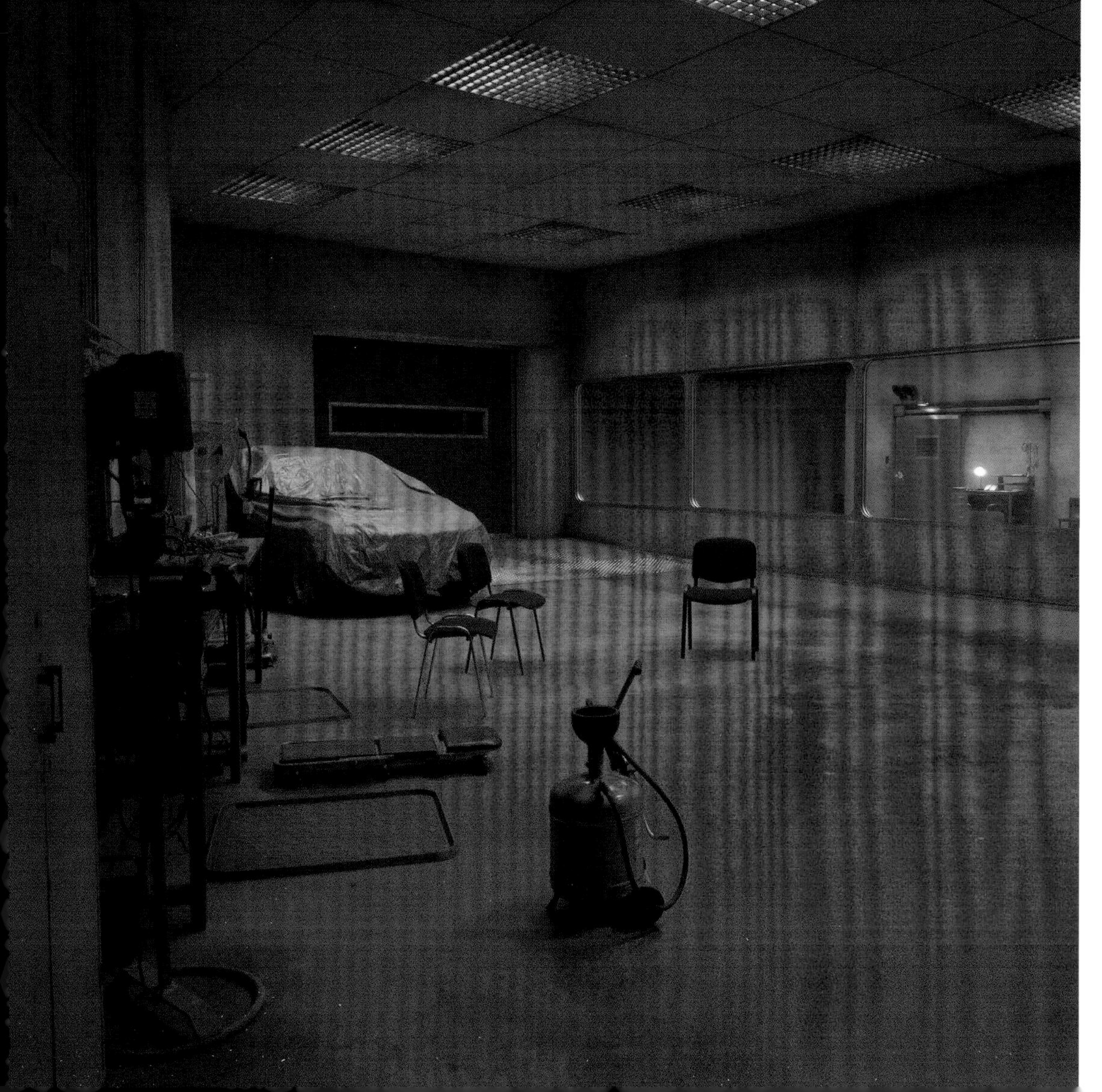

위: 탈린 프리포트 회전문의 역행(왼쪽)과 순행(오른쪽) 출입구.

오른쪽: 회전문 사용자를 위한 안전 장비.

왼쪽: 탈린 프리포트 회전문 구역.

76~77쪽: (76쪽 왼쪽 위부터 시계 방향) 엘리자베스 데비키의 스턴트 대역 이모젠 리버와 작업 중인 크리스토퍼 놀런. ▶닐을 위협하는 프로타고니스트. ▶케네스 브래나와 엘리자베스 데비키를 담고 있는 카메라. ◀대역을 자처한 크리스토퍼 놀런이 존 데이비드 워싱턴, 호이터 판 호이테마와 함께 닐과 프로타고니스트의 움직임을 연구하고 있다.

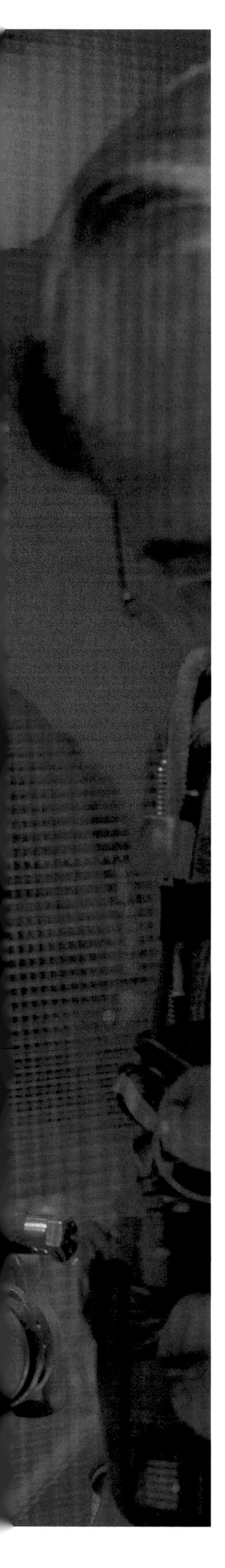

회전문에는 순행과 역행을 구분하는 색(각각 빨간색과 파란색)이 도입됐는데, 이는 극 중 인물들과 관객의 이해를 돕기 위한 설정이다) "일종의 암호죠." 놀런이 말한다. "그런 식으로 색이 들어간 이미지들도 있고, 여러 가지 색깔로 불이 들어오는 시계도 있어요. 실내조명도 그렇고요. 운전석이 왼쪽이냐 오른쪽이냐와도 비슷하고…… 뭐든 시스템이 있게 마련이죠."

탈린 프리포트의 외부는 도시에 있는 부두에 지어졌다. 이곳에는 완벽하게 작동하는 밀폐형 출입문도 설치되었다. 해양 코디네이터 닐 안드레아는 배경에 설치하기 위해 쇄빙선, 화물선, 예인선 등 다섯 대의 선박을 준비했다. 그중 한 대만 배경에서 움직이는 모습이 노출되고 나머지는 고정되어 있을 예정이었다. 바다와 관련된 일은 작전을 어떻게 짜느냐가 특히 중요했다. "단순히 생각하면 거대한 장난감들을 바다에 띄워 놓고 필요한 위치에서 왔다 갔다 하는 거죠." 그가 설명한다.

"일종의 암호죠. 그런 식으로 색이 들어간 이미지들도 있고,
여러 가지 색깔로 불이 들어오는 시계도 있어요.
실내조명도 그렇고요.
운전석이 왼쪽이냐 오른쪽이냐와도 비슷하고……
뭐든 시스템이 있게 마련이죠."

—크리스토퍼 놀런

왼쪽: 트럭 습격 신 촬영을 앞두고 크리스토퍼 놀런이 장난감 자동차로 동선을 설명하고 있다.

오른쪽: 트럭, 소방차 등의 장난감 자동차는 트럭 습격 신 촬영 내내 유용하게 쓰였다.

탈린에서 촬영한 가장 복잡한 시퀀스는 의심의 여지 없이 고속도로 추격전이다. 이 시퀀스는 프로타고니스트 일행 소유의 트럭 몇 대가 탈린의 거리에서 장갑차를 둘러싸는 것으로 시작한다. 프로타고니스트는 소방차 사다리를 이용해 타깃 차량으로 이동한 뒤, 천장에 구멍을 뚫고 플로토늄-241이 들어 있다고 추정되는 케이스를 훔친다. 이어서 그는 닐이 운전하는 BMW 5 시리즈를 타고 빠져나간다.

〈인셉션〉에서 놀런과 협업했던 차량 담당자 이언 클라크가 〈테넷〉 팀에 또 한 번 영입되었다. 차량을 조달하고 개조하는 그의 실력은 이 영화에서 진가를 발휘했다. 그의 첫 과제는 유럽에서 장갑 트럭을 찾는 일이었다. 조사 끝에 클라크가 찾던 차량을 네덜란드의 한 경비업체가 헐값에 처분하려 한다는 사실을 알게 되었다. "정말 운이 좋았죠." 그가 말한다. "누군가가 무장해제하는 방법을 알아낼 우려가 있어서 보통은 팔지 않고 폐기하거든요."

클라크는 이 시퀀스에서 장갑차 호송 차량으로 쓸 랜드로버 SUV 두 대를 추가로 확보했다. 나아가 그는 방송 중계 트럭 한 대, 소방차 한 대, 중장비 두 대를 구해야 했다. 클라크는 12미터 길이의 18륜 대형 트럭과 10륜 군용 견인차를 확보했다. 기계상의 문제로 촬영이 지연되는 것을 방지하기 위해 각각의 '영웅급' 트럭을 여분으로 한 대씩 더 조달했다. 군용 차량은 주문식으로 제작되기 때문에 보조 견인차를 구하는 것은 불가능해 보였다. 대안은 비슷해 보이는 군용 트럭 두 대를 확보하는 것이었다. "그걸 개조하고 도색했죠." 클라크가 말한다.

클라크는 메르세데스 벤츠 악트로스 18톤 트럭을 개조해 방송 중계 차량으로 보이게 만들었다. 새 차를 사려면 수십만 달러가 드는 데다, 촬영 도중 손상될 확률이 높았기 때문이다. 클라크의 팀은 유럽 소방차 두 대를 용접해서 미국 스타일의 소방차로 만들었다. "미국에는 '훅 앤 래더'라고 부르는 특이한 소방차가 있어요." 그가 설명한다. "하지만 유럽에는 없죠. 아예 존재하질 않아요. 그래서 우리가 직접 만들었어요."

코틀은 경험이 풍부한 차량 스턴트 팀을 LA에서 불러왔다. "그래서 우리는 자신감에 차서 촬영에 들어갔죠." 그가 말한다. 그와 그의 스턴트 드라이버들은 탈린 외곽의 오래된 군용 활주로에서 충분히 연습할 수 있었다. "시퀀스에 필요한 기본적인 부분은 준비가 돼 있었어요." 코틀이 말한다. "촬영이 시작되자 순조롭게 진행됐죠. 워낙 베테랑들인 데다 연습까지 충분히 했기에 가능한 일이었어요."

"미국에는 '훅 앤 래더'라고 부르는 특이한 소방차가 있어요.
하지만 유럽에는 없죠. 아예 존재하질 않아요.
그래서 우리가 직접 만들었어요."

—이언 클라크

특수효과 팀도 차량 관련 신에 투입되었다. 장갑 트럭 지붕에 구멍을 뚫거나, 랜드로버 디스커버리 SUV가 호송대 트럭 사이에 끼었을 때 손상된 부분을 부각하는 것 등이 그들의 임무였다. “충돌하는 부분을 개조했어요.” 피셔가 설명한다. 이는 측면의 펜더를 뜯어내고 그 안에 격자형 창살을 넣은 것을 말한다. “트럭들이 둘러싸고 압력을 가했을 때 엄청난 충격이 가해진 것처럼 보였어요. 심하게 함몰됐죠.”

닐과 프로타고니스트는 트럭을 습격한 뒤 BMW를 계속 몰아 고속도로를 질주한다. 인버트된 사토르는 캣의 머리에 총을 겨눈 채 아우디 Q7을 타고 뒤로 달린다. 저 앞에는 인버트된 프로타고니스트가 타고 있는 사브 9-5가 전복되어 있다. 사브는 바퀴가 아래로 가도록 다시 뒤집혀서 뒤로 달리지만, 얼마 안 있어 사토르의 아우디와 충돌한다. 한편 인버트되지 않은 프로타고니스트는 장갑 트럭에서 훔친 케이스를 인버트된 사토르에게 던진다. 사토르는 벤츠 S560으로 갈아타는데, 프로타고니스트와 캣은 결국 이 차로 강제 이송된다.

거꾸로 달리는 차량 신이 큰 도전이었던 것은 분명하지만, 코틀에게 고속으로 후진하는 차량 스턴트는 처음 해 보는 일이 아니었다. “일반적으로 빠른 속도로 뒤로 달리는 차량 스턴트를 할 땐 자동차 껍데기를 뜯어내서 거꾸로 씌운 채 달려요.” 그가 말한다. “그 상태에서 자동차는 앞으로 주행하면 되죠. 밖에서 보면 뒤로 달리는 것처럼 보이거든요. 하지만 이번 촬영을 앞두고는 그런 속임수를 너무 많이 쓰지 말자고 다짐했어요.”

놀런은 자동차가 뒤로 달리는 장면이 최대한 자연스러워 보이도록 요구했다. 스턴트맨, 특수효과 팀, 차량 팀에게 고도의 팀워크를 요구하는 지령이었다. “빠른 속도로 후진하려면…… 모든 설계가 반대로 가는 데 맞춰지죠.” 클라크가 말한다. “정말 위험해져요. 운전대를 살짝 건드리기만 해도 통제할 수가 없게 되죠. 그래서 우리에겐 큰 도전이었어요.”

차량 팀은 뒤 차축에 탑재된 기어열을 뒤집어 설치해서, 시속 100킬로미터로 후진하면서 동시에 운전자의 완벽한 조종을 가능하게 만들었다. “본질적으로 회전력 전달 장치를 뒤집는 거죠……. 그렇게 되면 다섯 개의 기어가 후진에 쓰이고 한 개의 기어가 전진에 쓰이는 거예요.” 오테로가 말한다. “자동차 입장에서 보면, 운전자는 기어를 전진으로 놓고 기어박스에 있는 기어를 하나하나 사용하는 거예요. 단지 차가 뒤로 가고 있을 뿐이죠.”

운전자가 너무 빠른 속도로 후진하는 것을 방지하기 위해 탑재된 센서들과 ECU(엔진 제어 유닛)를 무력화하는 것도 차량 팀의 임무 중 하나였다. 벤츠 S560의 경우, 클라크와 팀원들은 벤츠 기술진과 함께 차량의 안전장치를 우회해서 차량이 앞으로 가고 있다고 착각하게 만드는 시도를 했다. “정말 복잡했어요. 결국에는 차를 몰고 에스토니아의 딜러를 찾아갔어요. 인공위성을 통해 차량 컴퓨터에 ‘말을 걸어’ 몇몇 첨단 기술을 무력화했죠.” 클라크가 말한다.

위: 트럭 습격 신 촬영 중 카메라를 탑재한 에지(Edge) 차량이 소방차 옆을 달리고 있다.

아래: 자동차 추격 신에서 크게 훼손된 것으로 연출된 차량을 옮기는 스태프.

80~81쪽: 스토리보드에서 촬영까지, 트럭 습격 신은 정교하게 계산됐다. 이 장면에서 프로타고니스트는 이송 중인 플루토늄-241을 훔친다.

PÄÄSTE
112
112
293 W2P

28

29

30

31

KETILSSON FREIGHT
632 UY7
MAN
PÄÄSTE
PÄÄSTE
547 YB2

32

33

34

35

위: 스턴트맨들이 '영웅급' 차량에 설치된 장치에 탑승해 운전하고 있다.

83쪽 위: 사브 9-5 차량 폭파를 준비 중인 스태프.

82~83쪽 아래: 전복돼 있던 사브 9-5 차량이 고속도로 위에서 도로 뒤집히고, 프로타고니스트가 이 광경을 바라보고 있다.

차량의 기계적인 부분을 조정하는 것은 시작에 불과했다. 격투 신을 찍는 방법에 여러 가지가 있듯, 추격 신도 다양한 접근이 가능했다. "초반에 했던 테스트의 결론은 여러 기술을 섞어서 써야 한다는 거였죠." 놀런이 말한다. "가령 특정한 방식으로 먼지가 튀는 형상을 원하거나, 자동차가 어떤 특정한 방식으로 진동하거나 흔들리길 바라는지에 따라 요구되는 기술이 달랐어요."

클라크는 BMW, 사브, 아우디, 벤츠로 구성된 이 '영웅적인' 스쿼드에 걸맞은 네 가지 방법을 고안했다. 차량 지붕에 특수 장비를 탑재해, 배우가 차 안에 있는 동안 스턴트맨이 그 위에 앉아서 차량을 완벽하게 제어할 수 있게 했다. "영화에서 어떻게 보이는지에 큰 차이가 생기죠." 잭슨이 말한다. 뒤로 달리는 차를 디지털로 구현하는 것은 비용도 많이 들고 엄청난 노동이 필요하다. 잭슨의 팀은 그 방법 대신 후반 작업에서 간단히 차량 지붕에 탑재된 장치와 스턴트맨만 지우면 되는 방식을 택했다.

차량에 탑재된 조종 장치 덕에 스턴트맨들은 고속으로 전진과 후진을 할 수 있게 되었다. 그런데 몇몇 후진 숏에서는 필요에 따라 차량 뒤쪽에 조종 장치를 설치하고 타기도 했다. "촬영 방법이 24개는 됐을 거예요." 놀런이 말한다. "어느 시점에서는 이 방법을 고집하지 않았죠. 계속해서 차량을 바꾸는 게 실용적이진 않았으니까요. 우린 한 가지 방법에 얽매이지 않았어요. 촬영 당일에도 우리의 기술은 계속해서 발전했죠."

자동차 추격 시퀀스에서 가장 인상적인 장면은 아마도 후진으로 달리던 사브가 충돌하고 전복되는 순간일 것이다. 스콧 피셔는 이 숏을 위해 차체에 질소 실린더를 부착했다. 실린더가 점화되자 압력이 가해지며 사브 차량이 공중제비를 돌았다. "리허설을 두세 차례 한 뒤 실전용 차량을 두 대 배치했죠." 피셔가 말한다. "하지만 스턴트 드라이버가 한 번에 성공한 덕에 두 번째 차량은 쓰지 않았어요."

한번은 탈린의 프리포트에서 인버트된 사토르와 인버트되지 않은 그의 도플갱어가 프로타고니스트를 위협하며 플로토늄-241의 행방을 묻는다. 인버트된 총알에 맞은 캣은 몇 시간밖에 살지 못한다. 두 명의 사토르가 빠져나가자 프로타고니스트는 캣을 구하기 위해 그들을 뒤쫓기로 결심한 뒤 회전문으로 향한다. 회전문을 통과하고 인버트되는 순간, 그는 관객이 이미 본 적 있는 거꾸로 달리는 사브 내부에 있다. 앞에 나왔던 고속도로 장면이 이번에는 거꾸로 재현된다.

앞뒤로 움직이는 악마적인 디테일을 생각하느라 모든 스태프는 머리가 터질 지경이었다. "똑똑하기로는 따를 이가 없는 크리스 놀런도 그 시퀀스를 촬영할 때는 하던 걸 멈추고 자동차가 주행하는 방향이 이치에 맞는지를 여러 번 계산했죠." 케네스 브래나가 말한다.

"자동차 추격 장면은 정말 어려운 퍼즐 같았어요. 이때 일어나는 모든 일이 나중에 일어날 일들에 영향을 미치니까요." 호이테마가 말한다. "그래서 더더욱 어려운 퍼즐이었죠. 크리스가 그의 영화에서 설정한 콘셉트 중 제일 복잡한 것 같아요. 우리는 매일 어려운 물리 문제를 푸는 기분이었어요!"

잭슨과 보디 클레어는 현장에서 마야(Maya)로 제작한 시퀀스의 3D 버전을 즉석에서 볼 수 있도록 준비했다. "보디는 크리스와 내내 붙어 있었어요." 잭슨이 말한다. "뭔가 명확하지 않고 사건의 순서가 헷갈리기 시작할 때를 대비해 늘 노트북을 펼쳐 놓고 대기했죠."

이처럼 정신적으로 지치는 시퀀스를 촬영하면서 카메라를 어디에 위치시킬지 고민될 때, 호이테마와 놀런은 늘 프로타고니스트의 시점을 따랐다. "그의 경험을 세상에 보여 주고 싶은 거잖아요." 촬영감독이 말한다. 이는 카메라를 위치시키는 데 결정적인 도움이 되었다. "어디에서 어떻게 액션을 바라보는 게 좋을지, 그 액션을 통해 누구를 보여 주려 하는지 부지런히 고민했어요."

호이테마의 팀은 좀 더 본능에 따른 숏을 찍기 위해 차량 내부에 아이맥스 카메라를 장착하는 방법을 고안했다. 이 장치는 360도 회전이 가능하며, 해당 차량을 뒤따라가는 밴 안에서 원격으로 조종이 가능하다. "한마디로 차 안에 상상을 초월하는 스턴트를 수행하는 카메라를 장착한 거죠……. 일반적인 촬영 기술로는 얻기 힘든 시점을 확보할 수 있었어요."

주인공 격인 차량 외에도 40여 대의 차량에 스턴트맨이 배치되었다. 도로변에는 '보조 출연' 차량 100대가 있었는데, 이 차량은 스턴트맨이 아닌 일반 보조 출연자들이 몰았다. 안전을 고려해 단순히 차선과 속도를 유지하며 운전하라는 지시 사항이 있었다. 6.5킬로미터까지 늘어선 차량을 관리하려면 경이로운 수준의 통제가 필요했다. "한 테이크가 끝나면 원 상태로 돌아가는데, 난 태어나서 그런 광경은 처음 봤어요!" 패틴슨이 탄성을 질렀다. "고속도로의 양쪽 방향이 모두 통제된 상태에서 모든 차량이 거꾸로 움직였어요. 추격전도 거꾸로 진행됐고요. 말로 표현하기 불가능할 만큼 독특한 경험이었어요."

아이맥스 카메라가 장착된 AS355 헬리콥터가 공중 촬영에 동원되었다. "에스토니아에선 저공 헬리콥터 촬영이 단 한 번도 없었어요." 항공 코디네이터 크레이그 호스킹이 말한다. 그는 에스토니아 민간 항공 당국의 허가를 받아야 했다. "단 1회에 한해서 촬영과 관련된 우리의 모든 작업에 미국에서 적용되는 영화 촬영 규정을 허가해 줬어요." 호스킹이 말한다.

그렇다고 해서 시간이 무한정 주어진 것은 아니었다. 헤이슬립은 고속도로 촬영 기간 내내 시간이 부족하다는 사실을 알고 있었다. 그는 탈린 시장인 미하일 콜바트에게 기존에 할당된 2주간의 촬영 기간을 연장해 달라고 청원했다. "그 도로에서 주어진 2주의 시간 중 이틀이 남은 시점이었어요." 그가 말한다. "크리스는 최대한 서둘러 촬영했죠. 예비용 도로를 구해 놓긴 했는데 잘 맞아떨어지진 않았거든요."

시장은 시민들의 생활이 방해받는 것을 우려했지만, 실제로 사람들은 〈테넷〉 팀이 그곳에 있는 것을 매우 좋아했다. 평소보다 고속도로 소음도 줄었기 때문에 마음껏 창문을 열어 놓을 수도 있었다. "주민들은 매우 침착했어요. 호의적이고 친절했죠." 에마 토머스가 말한다. 결국 콜바트 시장은 〈테넷〉 팀이 역사에 길이 남을 자동차 추격 장면을 여유 있게 촬영할 수 있도록 3일의 시간을 추가로 허락해 주었다.

84쪽: 닐의 BMW 차량 운전석에 탑승한 로버트 패틴슨.

위: 탈린 거리에서 존 데이비드 워싱턴과 로버트 패틴슨에게 다음 장면을 설명 중인 크리스토퍼 놀런.

아래: 크레이그 호스킹의 촬영용 헬기가 트럭 습격 장면을 공중에서 포착하고 있다.

CHAPTER 6
파도를 가르며

"사후 세계에 잘 왔네."

— 페 이

2019년 7월 31일, 11일로 예정된 이탈리아 촬영이 아말피 해안에서 시작되었다. 유럽의 찌는 듯한 무더위 때문에 힘든 일정이 예상되었다. 분장 팀도 적잖은 타격을 입었다. "배우들이 땀을 흘리지 않으면서, 동시에 멋있어 보여야 해서 팀원 전원이 쉴 틈 없이 그들의 상태를 살폈어요." 분장 책임자인 루이자 아벨이 말한다. "하지만 실제로는 32도가 넘는 날씨 때문에 다들 땀에 젖어 있었죠."

성수기인 탓에 모든 배우와 스태프가 묵을 숙소를 예약하기도 쉽지 않았다. "우리 입장에서는 총체적 난국이었죠." 에마 토머스가 말한다. "팀 전체 인원이 200명 정도 돼요. 그런데 해안을 따라가 보니 인파로 가득했어요." 제작책임자 토머스 헤이슬립이 말한다. "아말피에서 시타노까지, 라벨로에서 살레르노까지 우린 수 킬로미터에 퍼져서 묵었죠."

아말피의 교통 상황은 굉장히 좋지 않았다. 많이 막히는 시간대에는 3킬로미터를 이동하는 데 한 시간이 걸렸다. 차라리 배로 사람과 장비를 이동하는 것이 더 빠른 상황이었다. 해양 코디네이터 닐 안드레아는 영화에 등장하는 선박을 조달하는 업무와 별도로 수송용으로 쓸 플래닛 나인이라는 페리보트 여섯 대를 조달해 출연자들과 스태프의 이동을 도왔다. 비교적 큰 장비들을 실어 날라야 해서 살레르노 북부의 상업 부두를 이용했다. 촬영 기간 중 수송용 선박들은 바다에 닻을 내리고 대기했다.

적절한 촬영용 보트를 찾는 일도 안드레아에게는 골치 아픈 업무 중 하나였다. 촬영 팀은 에지 카메라 크레인이라고 불리는 무거운 장비를 실을 만한 튼튼한 보트가 필요했다. "고속으로 달리면 크레인이 흔들릴 수 있어요." 안드레아가 말한다. "원심력이 크게 작용하기 때문에 일반적인 크레인보다 훨씬 안정적인 지지 기반이 필요하죠." 카메라 크레인을 실을 수 있는 적합한 보트를 찾아 몰타와 지브롤터 일대를 뒤졌지만 별 수확이 없었다. 그러던 중 안드레아는 스칸디나비아로 시선을 돌렸다.

그는 스웨덴에서 CTV(선원 이송선) 한 대를 찾아냈다. 근해에 위치한 전력 회사에서 사용하는 폰툰 스타일의 납작한 보트로, 일반 보트에 비해 안정감이 있었다. 에스토니아에서 촬영이 진행되고 있을 때 '트랜스포터'라는 이름의 이 CTV는 무려 24시간의 힘든 항해 끝에 이탈리아에 도착했다. 심지어 아말피로 가는 도중 연료가 새는 바람에 지브롤터에 들러 엔진을 교체해야 했다. 수리를 마친 뒤 다시 출발했을 땐 6노트 속도의 지중해 해류 때문에 속도를 늦추기도 했다.

"초조했죠." 안드레아가 말한다. "촬영 전날 밤 9시나 10시 즈음에 도착했어요. 겨우 시간에 맞춰 온 거죠." 스태프는 보트에 에지 크레인을 탑재해 촬영을 준비했다.

하루 촬영 후, 보트 우현 쪽 엔진이 작동을 멈췄다. "제조업체에 연락해서 비행기에 실어 보내고 새벽에 교체용 터보 엔진을 받아서 장착했어요. 다음 날 촬영엔 지장이 없었죠." 헤이슬립이 회상했다.

86~87쪽: 프로타고니스트(존 데이비드 워싱턴)가 캣(엘리자베스 데비키)을 스피드 보트에 태운 채 아말피 해안을 질주하고 있다.

위: 아말피 바닷가를 걸으며 대화하는 장면을 촬영 중인 워싱턴과 데비키.

요트의 내부를 본 이들은 그 분위기에 압도당했다. 두 구역에 깔린 카펫 값만 백만 달러였다. "물에 떠 있는 도시나 마찬가지였어요." 케네스 브래나가 말한다. "헬기 이착륙장이 있고, 수영장, 욕조도 있었죠." 그는 마치 사토르가 대사를 하듯 말을 이어 갔다. "계속해서 다음 층이 나오고, 셀 수 없이 많은 방이 펼쳐져 있죠. 그 모습을 보고 있노라면 요트 주인은 이곳을 자신의 성 혹은 감옥으로 여겼을 것 같아요. 불길하고, 때로는 무섭게 느껴지는 이 세상으로부터의 도피처로 말이죠."

사토르의 Mi-8 헬리콥터가 요트에 착륙하는 신을 촬영할 당시, 〈테넷〉 팀원들은 경악을 금치 못했다. "난폭했어요!" 호이터 판 호이테마가 그 순간에 대해 묘사했다. "Mi-8은 정말 강력한 헬리콥터죠." 폴란드 출신의 파일럿이 조종한 이 헬리콥터는 사실 너무 무거워서 플래닛 나인 요트에 착륙하지 못했다. "바로 그 위에 떠 있었죠." 헤이슬립이 회상한다. "그 상태에서 바퀴가 살짝 갑판에 닿게 하는 거예요."

밤에 촬영된 이 장면은 놀라운 장관을 선보인다. 호이테마는 플래닛 나인에서 촬영했고, 항공 코디네이터 크레이그 호스킹은 공중에서 촬영했다. "우리 가족이 그날 밤 호텔에 있었어요." 헤이슬립이 회상했다. "나한테 전화해서 '무슨 일이야? 계속 다다다다다다다 하는 소리가 들려'라고 말하며, 호텔에 있던 사람들이 '무슨 일이지? 지금 영화배우들이 요트에 착륙했다 이륙했다 하나 보다!' 하고 있었대요."

〈테넷〉의 후반부에 사토르와 캣이 베트남에서 휴가를 즐기는 장면도 아말피에서 촬영되었다. "네이선은 절벽 사이에 감춰진 작은 해변을 베트남처럼 보이게 꾸몄어요. 놀라웠죠." 호이테마가 말한다. "베트남 항구를 완벽하게 재현했어요." 안드레아가 덧붙였다. 그는 아말피의 낚싯배 여덟 척을 베트남 페리보트로 둔갑시켜 배경에 띄웠다.

아래: 프로타고니스트와 캣이 사토르의 호화 요트에 접근하고 있다.

“한 대 갖고 싶어지더라고요.”

— 히메시 파텔

베트남 세트 시퀀스에서 테넷 요원인 마히르는 캣을 태운 스피드 보트를 몰아 사토르에게 간다. 이 장면은 히메시 파텔이 촬영에 투입된 첫 장면이다. “스피드 보트는 처음 타 봤어요. 당연히 운전해 본 적도 없죠. 아말피에 도착해서 세 시간 동안 보트 조종하는 법을 배웠죠.” 그가 말한다. “이보다 촬영을 재미있게 시작할 수는 없었을 거예요.” 촬영에 임했을 때 파텔은 보트를 완벽하게 운전할 수 있었다. “한 대 갖고 싶어지더라고요.” 그가 씩 웃으면서 말했다.

존 데이비드 워싱턴은 극 중 캣을 태우고 매끈하게 빠진 아쿠아리바 33 스피드 보트를 조종한다. "정말 빨랐어요. 너무 섹시했죠." 배우가 말한다. "사지 않고는 못 배기겠더라고요. 우물쭈물거릴 문제가 아니었어요." 사토르는 타이어 및 레이싱 관련 회사인 피렐리에서 만든 최고급 보트 RIB를 조종한다. "요트 애호가들에겐 정말 고급스러운 장난감이죠." 안드레아가 말한다. "정말 흔치 않은 보트예요. 우린 그걸 '배트 보트'라고 불렀죠."

〈테넷〉 종반부에서 캣은 사토르의 요트에서 탈출하기 위해 물속으로 다이빙하며, 관객들에게 볼거리를 제공한다. 17미터 높이에서 뛰어내리는 액션은 큰 위험이 따르기 때문에, 스턴트 감독 조지 코틀은 엘리자베스 데비키에게 직접 연기하기를 권할 수 없었다. 코틀은 레드 불 절벽 다이빙 월드 시리즈 협회에 연락했고, 소속 다이버인 제시카 매콜리를 소개받았다. "정말 멋진 장면이었어요." 코틀이 말한다. "다이빙하는 폼이 예술이었죠. 올림픽 경기를 보는 것 같았어요."

아말피에서의 촬영은 순조롭게 진행되었지만, 영국에서 있을 쌍동선 시퀀스는 준비 과정부터 난항을 겪고 있었다. 카우스 위크 보트 경주(영국의 항구 도시 카우스에서 매년 벌어지는 세일링 대회—옮긴이)가 한창 치러지고 있었는데, 세일GP의 F50 쌍동선들은 열악한 날씨 때문에 군데군데 손상을 입었다. "미국 보트가 전복됐어요, 선수들은 옆구리와 턱에 멍이 들었죠. 몰골이 말이 아니었어요." 헤이슬립이 말한다. "세일GP 단체는 〈테넷〉 촬영에 협조한다는 방침을 바꾸지 않았지만, 촬영할 때 배를 몰아야 하는 사람들이 겁을 먹기 시작했어요." 그가 덧붙였다.

날씨 때문에 보트들이 훼손되자, F50 보트에 아이맥스 카메라를 탑재하느냐의 여부도 다시 논의되었다. "아말피의 요트에서 프로덕션 미팅을 했어요." 헤이슬립이 회상했다. "크리스가 말했죠. '이번 영화에서 가장 준비가 덜 된 촬영이야! 상황이 좋지 않아. 어떻게 해야 하지?'" 헤이슬립은 일을 바로잡기 위해 한 주 일찍 세일GP 팀을 찾았다.

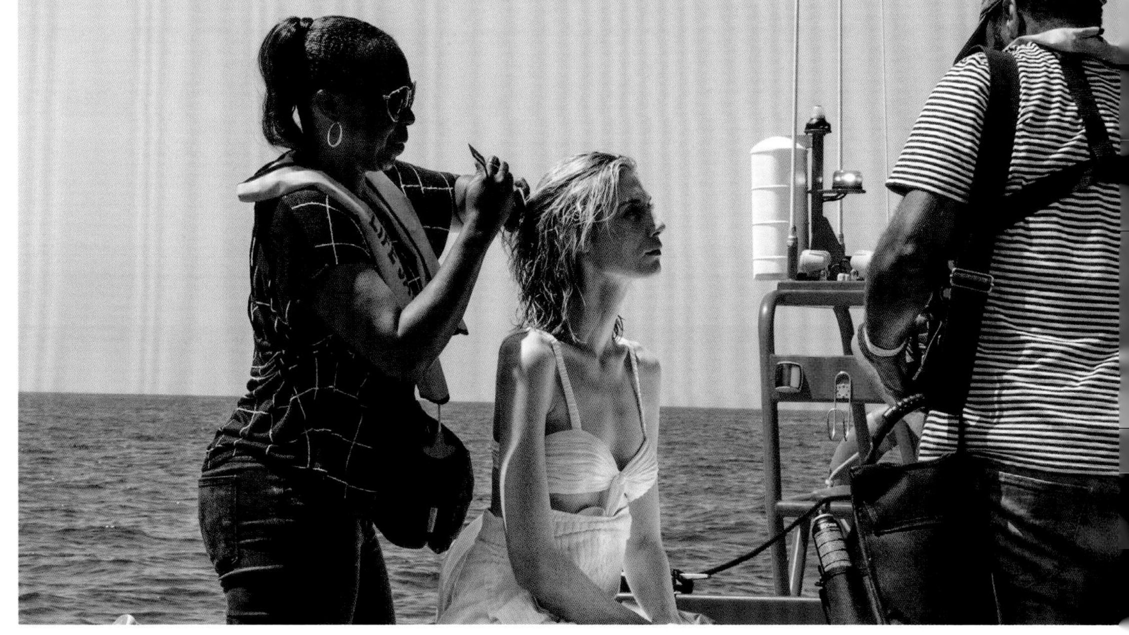

90쪽: 물 위를 달리는 히메시 파텔과 엘리자베스 데비키에게 저돌적으로 다가가는 카메라.
위: 플래닛 나인호에서 멋진 다이빙을 선보이는 영국의 다이버 제시카 매콜리.
아래: 엘리자베스 데비키의 머리는 사토르의 요트 신 촬영 중에 다시 염색됐다.
92~93쪽: 세일GP 쌍동선을 카메라에 담고 있는 촬영 팀.

8월 16일, 나머지 스태프가 영국 사우샘프턴에 도착했다. 촬영은 3일 후부터 시작될 예정이었고, 촬영지는 사우샘프턴과 와이트섬을 가로지르는 솔렌트였다. 나흘 후면 사토르, 프로타고니스트, 캣이 출연하는 쌍동선 신이 촬영될 예정이었다. 관건은 F50을 어떻게 카메라에 멋있게 담느냐였다. 이 시퀀스를 촬영하기 위해 네 개의 엔진으로 70노트를 질주하는 고속 RIB 보트가 동원되었다. 한데 심한 진동이 선체에 영향을 줘서 아이맥스 카메라가 흔들리는 상황이 발생했다. "우주선을 찍는 것 같았어요." 안드레아가 말한다. "보트를 쫓아가는 동시에, 카메라가 흔들리지 않게 하는 방법은 없다는 걸 깨달았죠."

흔들리고 말고의 여부를 떠나서, 그들은 이 신을 찍는 시도 자체가 잘못됐다는 걸 깨달았다. "이런 장면을 촬영한다는 게 극도로 어렵다는 걸 관객도 느끼게 하고 싶은 거죠." 호이테마가 말한다. "물 위에서 가장 빠른 것으로 알려진 보트를 카메라 보트가 따라간다면, 보는 사람의 관점에선 앞서가는 보트의 속도에 대한 신뢰가 떨어져요." 팀이 내놓은 대안 중 하나는 쌍동선에 카메라를 실어서, 쾌속정에 탑승한 듯한 스릴을 관객에게 전달하는 것이었다.

와이드 숏을 찍기 위해 호이테마는 크레이그 호스킹에게 지원을 요청했다. "이 장면에 담아야 할 요소들, 즉 고속 질주하면서 쌍동선에 탄 인물들의 디테일을 모두 살리기 위해 우리는 결국 헬리콥터 촬영을 택했죠." 호스킹이 말한다. 헬리콥터를 수면 바로 위에 띄운 채 비행하는 것도 어려웠지만, 수면 위에서 너무나도 부드럽게 방향 전환을 하는 보트들을 쫓아가는 것은 극도로 힘든 일이었다. "보통 숏을 운용할 땐 구성과 조명 위주로 고려하는데, 여기에선 바람의 영향도 신경 써야 했어요. 보트들이 어디로 가는가, 어디에서 방향을 틀 것인가를 염두에 둬야 했죠." 호스킹이 덧붙였다. 그는 프로펠러가 일으키는 파장도 신경 써야 했다고 말한다. 호스킹이 쌍동선 위에서 바람을 일으킨다면, 그 파장으로 형성된 물보라가 F50의 경량 돛을 때릴 수도 있었다. 또한 물결도 생각해야 했다. "수면은 계속해서 위아래로 출렁이더라도 공중에 있는 헬리콥터는 안정적으로 날죠. 때문에 파도나 물결이 위로 솟구쳐 헬리콥터를 때리는 상황을 조심해야 했어요." 호스킹이 말한다. "계속해서 물결이 치는 것을 주의하면서, 동시에 보트와의 상대적 위치도 신경 써야 했죠."

쌍동선을 조종하기 위해서는 기술과 경험을 지니고 있어야 하기 때문에 배우들에게 운전을 맡길 수는 없었다. 최고 속도로 질주하는 F50을 촬영하기 위해 프로타고니스트, 사토르, 캣을 대신해서 전원 남자로 구성된 세일GP 팀이 배에 올랐다. "남성미가 넘치는 젊은 선장님을 모셔 놓고 가발을 씌우고 여장을 했죠." 헤이슬립이 말한다. "그분이 소리쳤어요. '이건 말도 안 돼! 빌어먹을 할리우드!'"

**"물 위에서
가장 빠른 것으로 알려진 보트를
카메라 보트가 따라간다면,
보는 사람의 관점에선
앞서가는 보트의 속도에 대한
신뢰가 떨어져요."**

—호이터 판 호이테마

Performance
Filmworks
edge
SAIL
GP
2
Performance
Filmworks
Performance
Filmworks

94~95쪽: (위에서부터 시계 방향) 돛을 제거한 쌍동선에 탑승한 엘리자베스 데비키와 존 데이비드 워싱턴.
▶바다 액션 신을 묘사한 스토리보드.
▼흰 수건을 두른 존 데이비드 워싱턴.
▶보트에 탑승한 엘리자베스 데비키와 존 데이비드 워싱턴.

대화가 오가는 일부 장면들을 찍기 위해 프로덕션 디자이너 네이선 크롤리는 가짜 선체를 만들었다. F50의 반쪽을 CTV 측면에 매달아 놓은 형태였다. 배우들은 이 구조물에 몸을 숙이고 서서, 마치 쌍동선에 타고 있는 것처럼 대사 연기를 했다. 배우들이 F50에 탑승해 직접 연기한 순간들도 있었다. 하지만 이때는 돛을 제거한 상태였고, 견인 보트로 끌어 25에서 30노트의 속도를 유지했다. "우리 세 명이 배 옆에 매달려 있는데, 보트가 수면에 떠 있더라고요. 그런 기분은 처음 느껴 봤어요." 데비키가 말한다.

바다에서 많은 시간을 보낸 〈테넷〉 팀은 비에 젖고 추위에 떠는 등 고생이 이만저만이 아니었다. "케네스와 나는 노래를 많이 불렀어요." 데비키가 회상했다. "불쌍하게도 다들 우리가 부르는 뮤지컬 넘버들을 들어야 했죠. 우리는 정신을 놓지 않으려고 별짓을 다 했어요. '오늘은 〈스위트 채리티〉에 나오는 노래들을 불러 볼까? 〈집시〉는 어때?' 계속 이런 식이었죠."

배우들과 달리 F50 보트들은 기상 여건이 좋아야만 촬영에 동원될 수 있었다. "보트 촬영은 참 재미있는 구석이 있어요. 바람이 안 불면 망한 거죠. 그런데 바람이 너무 많이 불어도 망한 거예요!" 안드레아가 말한다. 그는 바람 한 점 불지 않던 어느 날 아침 8시에 놀런과 부둣가에 앉아 있던 때를 회상했다. "'조금 있으면 바람이 불 거야, 불 거야, 분다니까.' 이러다가 9시가 돼서야 바람이 불었어요. 한 시간 반을 촬영했는데 갑자기 바람이 너무 많이 불어서 보트를 모두 회수해야 했어요."

쌍동선 촬영 중 난항을 겪은 장면 중 하나는 캣이 끈을 잡아당겨 사토르를 물에 빠트리는 마지막 장면이었다. 이 촬영 작업에서 관건은 스턴트맨을 보트에 연결해 주는 벨트식 안전 장비였다(F50에 탑승하는 이들은 누구든 이 안전장치를 착용해야 했다). 스턴트맨이 배 밖으로 떨어질 때 다리에 착용하는 고리 부분이 F50 선체의 측면에 걸릴 우려가 있었다. 최악의 경우 스턴트맨은 선체 아래에 매달린 채로 끌려갈 수도 있었다. 코틀은 스턴트맨이 보트와 거리를 벌릴 수 있도록 고리를 제거하자고 제안했지만, 세일GP 팀은 안전수칙을 어기는 것이라며 거부했다. 오랜 실랑이 끝에 결국은 코틀이 한발 물러났다. "그들을 만족시키기 위해 어쩔 수 없이 어려운 길로 가야 했죠." 코틀이 말한다. "하지만 결국엔 그들이 우리의 요구를 들어줬어요."

17
18
19
20
21
22

위: 촬영 팀이 캐넌 홀에 도착한 엘리자베스 데비키를 촬영하고 있다.

아래: 크리스토퍼 놀런과 엘리자베스 데비키가 캣의 아들 맥스를 연기한 아역 배우 로리 셰퍼드와 대화하고 있다.

97쪽: 우아한 모습으로 아들이 다니는 사립학교를 찾은 캣.

놀런과 촬영감독의 걱정 중 하나는 와이트섬에서 찍은 바다 신들이, 맑은 날씨의 아말피에서 찍은 영상과 잘 어우러질지의 여부였다. 다행히도 문제는 없었다. "우리가 보트 촬영을 한 곳은 육지에서 꽤 멀었어요. 그러니 물이 보이고, 태양이 보이고, 보트가 보이죠." 호이테마가 말한다. "촬영할 때 화면이 매치되도록 신경을 많이 썼어요. 성공한 거 같아요."

쌍동선 신들을 마무리한 〈테넷〉 팀은 8월 26일부터 6일간 런던 촬영에 돌입했다. 사토르와 캣의 아들인 맥스가 다니는 사립학교 신도 이때 촬영되었다. 관객은 이 장면에서 처음으로 캣을 접한다. 그리고 이후 프로타고니스트가 사건의 매듭을 지을 때 이 장소가 다시 나온다. 북런던 이즐링턴에서 자란 크롤리는 자신이 어릴 적 활동 무대에서 로케이션을 찾는 작업에 심혈을 기울였다.

이즐링턴의 손힐 초등학교와 하이게이트에 있는 채닝 여학교가 후보에 올랐지만, 둘 다 시각적으로 만족스럽진 않았다. 로케이션 헌팅 팀은 즉흥적으로 더 둘러보았다. "'햄스테드가 이 근처 어디랬는데 좀 더 돌아다녀 볼까? 그러고는 좀 더 찾아봤어요." 크롤리가 말한다. 머지않아 그들은 런던 학교 장면의 보충 촬영지로 쓸 수 있는 캐넌 홀이라는 우아한 개인 소유의 거주지를 발견했다. 그곳은 《레베카》와 《새》를 집필한 대프니 듀 모리에의 고향이기도 하다.

“런던 신은 무조건 런던에서 찍어야 하죠.” 호이테마가 말한다. 그는 이 도시가 영화에서 명확히 제 기능을 해냈다고 말한다. 사교육, 고급 식당, 고가의 미술품 등의 상징적인 키워드들은 캣과 사토르의 캐릭터가 생성되는 데 큰 역할을 했다. “크리스는 항공 촬영 없이 런던을 표현하고 싶어 했어요. 그 방법을 싫어하거든요.” 크롤리가 덧붙였다. “일일이 설명하지 않고도 지금 보는 곳이 영국이라는 걸 알게 하는 게 중요했죠.”

마이클 케인 경이 마이클 크로스비 경을 연기하는 팔 몰 리폼 클럽 신은 영국의 문화가 잘 드러나는 최고의 장면이었다. 클럽의 외관 촬영을 위해 이언 클라크는 롤스로이스를 포함, 배경에 놓을 최고급 차량 25대를 조달했다. 케인은 클럽 내부 신에서 워싱턴, 제러미 시어벌드(클럽 관리자 역) 등의 배우들과 호흡을 맞췄다. 시어벌드는 1998년에 개봉된 놀런의 데뷔작인 흑백영화 〈미행〉에 배우 겸 공동 프로듀서로 참여했고, 〈배트맨 비긴즈〉에서는

“일일이 설명하지 않고도 지금 보는 곳이 영국이라는 걸 알게 하는 게 중요했죠.”

— 네이선 크롤리

단역으로 출연했다. "다시 일할 수 있어서 정말 좋았어요." 놀런이 미소 지으며 말했다.

워싱턴은 케인과 연기 호흡을 맞춘 것에 대해 '인생 최고의 날 중 하나'라고 표현했다. 특히 놀런과 이 대배우의 부자지간 같은 관계에 감동했다고 한다. "마이클의 위치를 조금 수정해야 할 땐 크리스가 직접 달려가서 의자 높이를 조절했어요." 워싱턴이 말한다. "다른 사람이 하게 두지 않았어요. 직접 했죠. 마지막 신을 찍고선 마이클을 껴안으며 '지금까지 마이클 케인이었습니다'라고 말하더군요. 정말 아름다운 순간이었어요. 크리스는 마이클에게 큰 존경심을 갖고 있어요." 놀런은 이 대스타와의 재회가 큰 즐거움이었다고 한다. "마이클을 섭외해서 이 역할을 맡기는 게 저에겐 정말 중요했어요."

미슐랭 가이드에도 소개된 이탈리아 식당 로칸다 로카텔리는 영화 초반 캣과 프로타고니스트가 함께 식사하는 장면을 찍기 위해 섭외되었다. 여기에서 캣은 자신과 사토르의 관계에 대해 털어놓는다. 말리본의 처칠 호텔에 있는 이 식당은 바로 이어지는 격투 신을 찍기에 적합하다는 이유로 섭외되었다. 이 싸움에서 프로타고니스트는 식당 주방에서 사토르의 부하 세 명을 상대한다. "액션을 찍기에 적합한 주방이 딸려 있어서 그 식당을 섭외했죠." 크롤리가 말한다. 이 신에 등장하는 네 배우는 역방향 액션 없이 일반적인 방식으로 싸운다. "이전에 했던 것들과 비교하면 제일 쉬웠죠. 영화 전체를 통틀어 제일 재미있는 장면이었어요. 전통적이고, 참혹하고, 난폭하고, 빠른 싸움이었죠." 코틀이 말한다. 다른 스태프가 사우샘프턴에 있는 동안 파이트 코디네이터 잭슨 스피델은 리허설 공간에서 이 장면의 합을 짰다. 촬영 전날, 스피델은 식당 주방으로 가서 동선을 체크하고, 놀런이 확인할 수 있도록 동영상을 전송했다.

98쪽: 런던 거리를 활보하는 프로타고니스트.

왼쪽: 런던 팔 몰에 위치한 리폼 클럽. 이 호화 클럽에서 프로타고니스트는 마이클 크로스비 경을 만난다.

위: 마이클 케인에게 설명 중인 크리스토퍼 놀런. 두 사람의 여덟 번째 협업이다.

아래: 크리스토퍼 놀런의 현장에서 마이클 케인과 호흡을 맞추며 연기자 인생 최고의 나날들을 만끽하는 존 데이비드 워싱턴.

메이크업 팀장 루이자 아벨은 주방 격투 신 촬영 날이 되자 놀런의 요구에 맞게 상처를 만들었다. "늘 진짜 같은 상처를 요구하는 건 아녜요. 하지만 늘 그 옵션이 가능하길 원하죠." 그녀가 말한다. "곧바로 사실적인 상처를 만들 수 있도록 항상 풀 사이즈 휴대용 키트를 들고 다녀요. 얼굴의 상처나 멍 자국을 세트장에서 바로 만들 수 있죠." 이 장면에서 그녀는 스턴트맨의 머리에 갈라진 상처를 연출했다. "피가 쏟아져 나왔어요."

2019년 11월 5일, 런던 촬영을 마친 〈테넷〉 팀은 오슬로로 이동했다. 단 하루 동안 세 신을 촬영하는 일정이었다. 오슬로 프리포트에서의 첫 번째 습격을 앞두고 프로타고니스트가 오슬로 오페라하우스 옥상에서 닐에게 브리핑하는 장면, 프로타고니스트, 닐, 마히르가 오슬로의 거리에서 만나는 장면, 세 인물이 호텔 방에서 만나 설계도를 분석하는 장면(촬영지는 더 티프 호텔)이 촬영되었다.

애초에는 오슬로 오페라하우스 옥상에서 두 신을 촬영할 계획이었다. 하지만 오슬로 프리포트의 두 번째 싸움 이후 프로타고니스트가 세 번째로 프리야와 만나는 신은 탈린으로 옮겨졌다. 마르자마에 기념 공원(1918년에 일어난 러시아 내전에서 희생된 볼셰비키 당원들을 기리기 위해 건립)으로 장소가 바뀌어 오슬로 촬영은 하루로 압축되었다. 단 하루 촬영을 위해 상당한 이동 비용이 발생했지만, 오슬로 촬영은 그만큼의 가치가 있었다. "공들인 보람이 있었어요." 조감독 닐로 오테로가 말한다. "비용이 많이 들었기 때문에 제작책임자 톰 헤이슬립이 동의할지는 모르겠지만, 투자한 만큼 얻은 것도 있었죠."

호이테마는 이렇게 말한다. "오슬로는 흥미로운 기운이 감돌아요. 정말 북유럽스럽죠. 많이 북쪽에 있긴 하지만, 잘 정돈돼 있고 깨끗해요." 탈린과 마찬가지로 이곳은 서유럽과 러시아의 다리와도 같다. 양쪽을 오가며 활약하는 악역이 등장하는 이야기의 배경지로는 더할 나위 없었다. "시각적으로 양쪽의 중간을 잘 표현해 주죠." 호이테마가 말한다. "오슬로는 이 영화에서 큰 역할을 했어요."

단지 보기에 멋지다고 해서 〈테넷〉의 촬영지로 채택되었던 것은 아니다. 프로타고니스트의 표현처럼 '불가사의한 세계'를 나타내는 장치에 부합하는지도 그만큼 중요했다. "이 영화는 이 세상이 어떤 인프라를 바탕으로 돌아가는지, 사물들이 어떻게 운송되고 끌려가는지를 다루고 있어요." 호이테마가 말한다. "영화 속 장소들은 그러한 역할을 잘 수행했죠. 각각의 장소들은 지도상에서 어떤 의미를 지니는지, 그 인프라 속에 어떻게 존재하고 있는지를 기준으로 선택됐어요."

놀런은 수년 전 홍콩 항구의 선박들을 관찰하며 이 아이디어를 키워 왔다. 그는 선박, 트럭, 기차, 보트 등을 통해 일제히 돌아가는 전 세계적 유통망에 대해 조사했다. "기적적인 시스템이죠." 그가 말한다. "한편으론 영화에서 잘 다루지 않는 주제이기도 해요. 하지만 난 물리학과 밀접하게 관련된 이야기에서, 전 세계에 사물들이 유통되는 구조가 중요하게 작용한다고 생각해요."

하루 사이 오슬로 촬영을 마친 〈테넷〉 팀은 11월 8일부터 나흘간의 촬영이 예정된 덴마크의 뢰드비 항구로 향했다. 할리우드 영화 팀이 머물기에 이 항구 마을은 너무 작았다. 가장 가까운 숙박 시설은 5킬로미터 떨어진 곳에 있는 라란디아 리조트였다. "체크인하고 방에 들어갔는데 싱글베드밖에 없는 거예요." 헤이슬립이 말한다. "호화로움과는 거리가 멀죠. 하지만 크리스 놀런의 영화를 찍을 땐 방이 있는 것만으로도 감사해야 해요."

스태프의 숙소를 잡는 것 외에도 어려움은 많았다. "레스토랑과 피자 가게가 하나씩 있는 것 말고는 따로 준비된 게 없었어요. 하루 세 끼 식사를 조달할 방법을 물색해야 했죠. 간식도 필요했고 매일 모니터링을 할 스크린 룸도 필요했죠. 우리가 끌고 온 보트와 배 들을 정박할 곳도 필요했고요." 헤이슬립이 말한다. "거기에 있는 동안 우리 스스로 도시 하나를 만든 거나 마찬가지예요."

한편 가까스로 아말피에 도착했던 스웨덴산 촬영용 보트 '트랜스포터'는 이탈리아 촬영을 마치고 3주에 걸친 항해 끝에 스칸디나비아 반도에 도착했다. 이번에도 촬영을 불과 몇 시간 앞두고 도착한 것이다. "촬영이 끝나자마자 출발해서 우리와 덴마크에서 만났어요. 그때도 촬영 전날 저녁 7시쯤 도착했어요. 힘든 상황이었죠." 안드레아가 말한다. "정말 스트레스를 많이 받았어요."

100쪽: 레스토랑 결투 신에서 망치로 프로타고니스트를 공격하는 사토르의 부하.

위: 거친 수면을 차분히 표류하는 CTV 촬영용 보트.

오른쪽: 〈인썸니아〉 이후 18년 만에 재회한 크리스토퍼 놀런과 마틴 도노번.

아래: 프로타고니스트에게 결정적인 정보를 알려주는 페이.

103쪽 위: 풍력 터빈 내부. 프로타고니스트는 이곳에서 회복의 시간을 갖는다.

103쪽 아래: 덴마크 뢰드비 항구에 위치한 풍력발전소.

덴마크 촬영에는 병원선이 동원되었다. 철도 차량기지에서 고문을 당한 뒤 코마 상태에 빠진 프로타고니스트는 의료진의 도움을 받아 이 배 안에서 눈을 뜬다. 이 장면을 위해 노르웨이에서 만들어진 '어컴플리셔'라는 이름의 CTV 한 대가 동원되었다. "이 배는 낡은 병원선으로 보이게끔 개조됐어요." 안드레아가 설명한다. "진짜 병원선이 아니라 주인공을 회복시키기 위해 임시로 만든 시설로 보이길 원했죠."

회복한 프로타고니스트는 자신의 상관인 페이에게 새로운 지령을 받는다. 이후 그는 앞바다에 있는 풍력발전소에서 몸을 추스른다. 누군가가 그를 위해 은닉해 놓은 여권, 현금, 자살용 알약을 발견하고 나서 프로타고니스트는 체력을 완벽하게 회복한다. "은밀하게 활동하는 역할이라면, 우리 영화에서는 풍력발전소에 숨죠!" 크롤리가 무표정하게 농담을 건넸다.

풍력발전소 촬영은 다른 의미에서 무모한 도전이었다. 바다 한복판에 있는 구조물이기 때문에 스태프와 장비들은 보트로만 수송이 가능했다. "거기까지 가는 게 너무 불편했어요." 호이테마가 말한다. "그쪽에서 일하는 사람들에겐 정말 열악한 근무 환경이죠. 안전장치를 착용하고, 사다리를 타고…… 장난이 아녜요. 하지만 그런 열악함을 이겨 내고 작업하는 건 재미있었어요."

“은밀하게 활동하는 역할이라면, 우리 영화에서는 풍력발전소에 숨죠!”

— 네 이 선 크 롤 리

풍력발전용 터빈 안에 들어간 프로타고니스트는 작은 공간을 발견한다. 촬영감독의 설명에 따르면 ‘욕실 크기의 공간에, 끝없이 위로 뻗은 사다리가 있는 곳’이었다. 밖에는 바람이 거세게 불고, 풍차는 굉음을 내며 회전한다. 꼭대기까지 올라간 스태프는 작은 문을 열고 나가 숨 막히는 발트해의 전경을 볼 수 있었다. “뻥 뚫린 바다 한가운데에 서 있으니까 내 안에서 무언가가 움직이고 있다는 걸 느낄 수 있었어요. 그리고 그 느낌은 촬영에도 큰 영향을 미쳤죠.” 호이테마가 말한다.

신의 일부는 핸드헬드 기법으로 촬영되었고, 일부는 특수 장비가 동원되었다. 풍력발전용 터빈 축 아래쪽에 있는 프로타고니스트를 찍기 위해 구조물의 가장 높은 곳에 카메라가 설치되었다. 심지어 가장 높은 지점에서도 허공에 2.5미터 떠 있는 형태였다. 카메라를 아래로 기울이기 위해서였다. “최소한의 인원이 올라갔죠.” 호이테마가 말한다.

“결국엔 존 데이비드, 호이터, 포커싱 보조 감독 키스 데이비스, 카메라 장비 담당자 라이언 몬로가 나와 함께 올라갔죠.” 놀런이 말한다. “녹음은 엄두도 못 냈어요. 더는 인원을 늘릴 수 없었거든요. 다시 학생 영화를 찍는 기분이었어요. 존 데이비드가 소품 정리를 직접 했다니까요!”

쇄빙선 안에서, 그리고 근처에서 촬영된 신도 있었다. 영화에서 프로타고니스트와 닐은 인버트된 뒤 이 배를 타고 이동한다. 안드레아는 이 신을 위해 '마그네 바이킹'이라는 이름의 짐승 같은 배를 찾아냈다. 해양 예인 특수선(AHTS)으로 분류되는 이 선박은 길이가 85미터에 달한다. "크고 사나운 엔진이 강철에 싸여 있죠." 안드레아가 말한다. 겉은 노란색과 검은색 페인트로 칠해져 있는데, 놀런과 크롤리는 이걸 보고 즐거워했다. 크롤리의 표현을 빌리면 '스타일리시한 싸움'을 일삼던, 고담시의 추억이 떠올랐던 것이다.

"배트맨 시리즈에서 크리스는 여기저기에 노란색과 검은색으로 된 마크를 넣고 싶어 했어요." 크롤리가 말한다. "'크리스! 난 고담시에 그 마크를 넣고 싶지 않아!'라고 내가 말했죠. 그랬더니 크리스가 '그냥 해! 두 개 있으면 좋겠어!' 그래서 내가 물었죠. '싫어. 안 해! 왜 그 마크를 좋아하는 거야? 도대체 어디에서 시작된 거야? 왜 대답을 안 해?'" 마그네 바이킹호의 사진을 본 순간 놀런은 깔깔대고 웃었다고 한다. "크리스가 그랬죠. '바로 이거야! 내 배트맨 보트!'"

축축한 회색빛의 발트해를 가르며 달리는 노랗고 까만색의 마그네 바이킹호는 영화에서 그 진가를 발휘했지만, 촬영이 순조로웠던 것은 결코 아니다. "날씨는 별로 좋지 않았어요." 헤이슬립이 말한다. "계속해서 '찍을 수 있을까? 찍을 수 있을까?'의 연속이었죠." 안개, 폭우, 40노트의 강풍은 쇄빙선 촬영을 위험하게 만들었다. 특히나 사람이 타거나 장비를 실을 때는 더더욱 조심해야 했다.

위: 마지막 임무를 위해 쇄빙선을 타고 이동하는 프로타고니스트.

105쪽: 발트해를 가로지르는 마그네 바이킹호.

MAGNE VIKING
RESCUE ZONE

"그냥 다 진짜로 하더라고요.
이래서 크리스 놀런 작품에 꼭 출연해 보고 싶었어요."

—애런 테일러-존슨

쇄빙선이 워낙 거대해서 촬영지 일대에는 정박해 둘 선착장이 없었다. "유일하게 네덜란드 해안에 배를 세울 곳이 있었죠. 세 시간 거리였어요." 안드레아가 말한다. "한 번 물에 띄우면 배는 촬영 내내 그곳에 있어야 했어요." 스태프와 장비를 쇄빙선으로 옮기기 위해서는 CTV를 사용할 수밖에 없었다. 하지만 안 좋은 날씨 때문에 쉽지 않았다. 짐을 싣고 내리는 동안 거친 물살과 바람으로부터 CTV를 보호하기 위해 물에 떠 있는 마그네 바이킹호를 옆으로 돌렸는데, 그 결과 거대한 파도가 형성되었다. "쇄빙선은 너무 육중해서 한 번 움직이면 작은 섬이 만들어질 정도죠." 안드레아가 설명했다. CTV 선박들은 쇄빙선을 바다의 잔잔한 곳으로 끌고 가서 거친 파도를 피했다. "해결하고 나니 마음이 편해졌어요." 안드레아가 말한다.

장비와 사람을 실은 쇄빙선은 떠날 채비를 갖췄지만, 폭풍우 때문에 상황이 여의치 않았다. 특히 공중 촬영 팀이 애를 먹었다. "매번 비행할 때마다 날씨가 좋았던 적이 없어요. 정말 힘들었죠." 크레이그 호스킹이 말한다. "매번 촬영에 임하긴 했지만, 크리스가 원하는 걸 정확히 해낼 수는 없었어요. 자신이 원하는 공중 촬영 분량을 확보하기 위해 수차례 날짜를 바꿔서 창의적인 대안을 만들어 냈죠."

놀런과 작업하는 핵심 멤버들에겐 놀랄 일이 아니었다. "북유럽에 좋은 날씨란 존재하지 않아요!" 오테로가 웃으며 말했다. 호이테마는 〈덩케르크〉 당시의 경험을 떠올렸다. "그런 돌발 상황이 있을 때마다 나와 크리스는 흥분이 되죠. 왜냐하면, 이런 것들은 화면에 참 잘 담기거든요. 우리는 어려움을 극복하고 적응하면 돼요. 카메라를 돌리면 특별한 보상을 얻을 수 있다는 걸 알고 있으니까요."

애런 테일러-존슨이 연기한 이브스는 영화의 종반부에 쇄빙선을 타고 일행과 함께 스탈스크-12로 향한다. 존슨은 풍력발전소 근처를 항해하며 촬영했던 당시를 회상했다. "정말 말로는 표현이 안 돼요. 헬리콥터가 풍력발전소 사이를 오가다 쇄빙선으로 날아갔던 게 떠오르네요. 그때 이런 생각을 했죠. '저기에는 비용을 많이 안 들였구나. 그냥 다 진짜로 하는구나. 이래서 크리스 놀런 작품에 꼭 출연해 보고 싶었어.'" 호스킹도 동의했다. "풍력발전소를 가로지르는 장면은 정말이지 전설로 남을 명장면이 될 거예요."

106쪽 : 마그네 바이킹호의 갑판에서 촬영을 준비 중인 크리스토퍼 놀런.

왼쪽: 크리스토퍼 놀런이 존 데이비드 워싱턴에게 인버트에 대해 설명하고 있다.

위: 이브스가 최후의 결투에 대해 브리핑하는 책상.

아래: 크리스토퍼 놀런과 농담을 주고받는 애런 테일러-존슨.

CHAPTER 7

인 디 언 서 머

“원인이 먼저고 결과가 나중이죠.”

—프로타고니스트

〈테넷〉의 다음 촬영지는 인도였다. 2019년 11월 16일, 그들은 나흘간의 촬영을 위해 뭄바이에 도착했다. 늘 그렇듯 날씨가 중요한 변수였다. “우기가 끝날 무렵 도착했죠. 가장 두려운 건 폭우 때문에 촬영을 못 하게 되는 거였어요. 그 당시에도 비가 많이 오고 있었죠.” 제작책임자 헤이슬립이 말한다. 정작 놀런은 그런 환경에 당황하지 않았다. “크리스는 비를 맞으며 걸었어요.” 헤이슬립이 이어 갔다. “홍수가 나면 물이 발목까지 차죠. 우린 기다렸어요. 15분이 지나니까 구름이 흩어지더라고요. 바로 카메라를 준비하고 배우들을 준비시켰죠. 그렇게 촬영을 하고 이동했어요.”

108~109쪽: 존 데이비드 워싱턴의 전담 스턴트맨인 대니얼 그레이엄이 뭄바이 거리 위에 매달려 있다. 스태프는 프로타고니스트가 산제이 싱의 집에 도착하는 극적인 장면을 촬영하기 위해 준비 중이다.

위: 뭄바이의 페리에 탑승해 깊은 대화를 나누는 딤플 카파디아와 존 데이비드 워싱턴.

아래: 페리 촬영 대기 중인 카파디아.

111쪽: (오른쪽 위부터 시계 방향) 인도 전통 방식으로 축복을 받는 크리스토퍼 놀런. ▼ 호이터 판 호이테마가 전화상으로 약속을 잡는 프로타고니스트를 촬영하고 있다. ◀존 데이비드 워싱턴과 딤플 카파디아가 대기하는 가운데 호이터 판 호이테마가 조도를 확인하고 있다.

아말피에서 그랬듯, 루이자 아벨이 이끄는 메이크업 팀에겐 이번에도 더위가 관건이었다. "어떤 신에서는 배우들에게 광택 효과를 주는 게 도움이 됐어요." 그녀가 말한다. "하지만 더워 보여서는 안 되는 시퀀스도 있었죠." 장면이 매끄럽게 이어지는 것도 중요해서 매번 재빠른 수정이 필요했다. "늘 현장을 지키되 동시에 투명인간처럼 있어야 해요. 촬영을 지연시켜서는 안 되니까요. 카메라 옆에서 대기하다가 필요한 순간에 재빨리 들어가서 분장을 수정해야 하죠."

이러한 어려움 속에서도 뭄바이의 활기찬 분위기는 영화에 색다른 에너지를 더해 줬다. 프로타고니스트와 프리야가 두 번째로 만나는 신 등 주요 장면들에 역동적인 시각적 요소들이 더해졌다. 프리야는 뭄바이로 돌아온 프로타고니스트에게 사토르와 관련된 플로토늄-241에 대해 설명한다. 이 신은 원래 타지마할 팰리스 호텔 근처의 카페에서 촬영될 예정이었다. 그런데 놀런은 게이트웨이 오브 인디아 근처를 표류하는 배를 눈여겨봤다. "카페에 앉아 있는 것보다는 오래된 페리보트를 타고, 미친 듯이 쫓아오는 갈매기들을 배경에 두는 쪽이 더 재미있을 것 같았어요." 프로덕션 디자이너 네이선 크롤리가 말한다.

해양 코디네이터 닐 안드레아는 이 신에 적합한 배를 찾았고, 나아가 붐비는 수로를 연출하기 위해 배경에 둘 27척의 배도 추가로 조달했다. "쉽게 생각해서 형형색색의 인도 페리들로 가득한, 물에 떠 있는 마을을 만들어 낸 거죠."

우기였기에 배들은 험한 날씨를 피해 창고에 보관되어 있었다. 안드레아는 선박들을 항구로 옮기고 정박하기 위해 허가를 받아야 했다. "인도 정부를 상대하는 건 색다른 경험이었어요." 그가 웃으며 말했다. "그 많은 배가 다 한 사람 소유라는 게 조금 이상했어요. 그 한 사람에게 비용을 내면 그 사람이 다른 사람들에게 나눠 주는 식이었죠. 그런 일이 꽤 많이 있었어요."

페리보트에서 내린 프로타고니스트와 프리야는 인파로 가득한 타지마할 팰리스 호텔 근처를 걸어 다닌다. 200명 정도의 보조 출연자가 동원되었는데, 그들을 통제하는 것은 보통 일이 아니었다. "30미터가 채 안 되는 뭄바이의 거리에 200명이 들어찼죠." 조감독 닐로 오테로가 말한다. "그런데 통제가 안 되는 거예요. 카메라 근처에 있는 일부만 겨우 통제될 뿐, 나머지는 운에 맡기는 수밖에 없었죠. 크리스는 이런 상황에 잘 적응해요. 사실 그런 걸 참 좋아하죠."

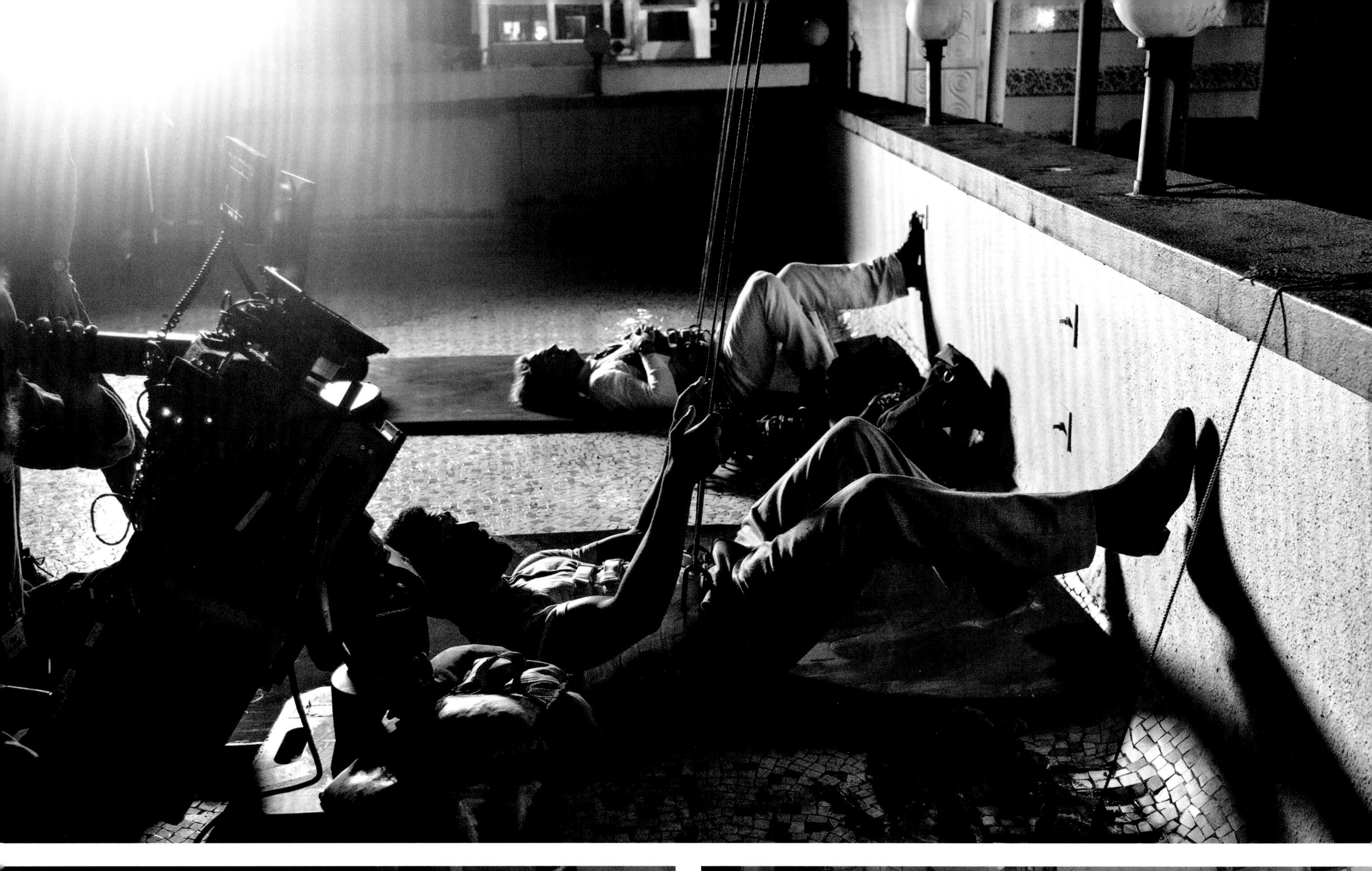

뭄바이 촬영의 하이라이트는 프로타고니스트와 닐이 무기 거래상 산제이 싱의 집에서 '번지점프'를 하는 장면이다. "처음에는 낙하산을 메고 지붕에 착지하는 장면을 생각했어요." 놀런이 말한다. 하지만 이미 〈다크나이트〉에서 이와 비슷한 방법으로 배트맨이 홍콩의 고층 건물에 침입하는 장면을 만든 적이 있었다. 놀런은 스턴트 감독 조지 코틀과 대안을 물색했다. "결국 조지는 번지점프로 벽을 올라가는 아이디어를 냈죠." 놀런이 말한다.

코틀과 그의 팀원들은 번지점프를 활용해 어떻게 건물에 오를지, 또 어떻게 빠져나올지를 수개월 동안 연구했다. 해당 스턴트는 모두 슈리 바르단이라는 고층 건물에서 촬영될 계획이었다. 처음에는 발사 장치와 윈치 장치(로프를 이용하여 대상을 상승 또는 하강시키는 장치)를 사용해 프로타고니스트와 닐이 각각 가장 낮은 발코니와 가장 높은 발코니로 떠오르는 것으로 시작된다. "낮은 발코니가 61미터 높이예요." 코틀이 말한다. "높은 발코니는 땅에서 73미터 높이죠."

"건물이 상당히 높았죠. 인도에는 그 높이에서 쓸 수 있는 크레인이 없었어요." 그가 덧붙였다. 그들은 크레인 대신 와이어로 배우들을 끌어 올릴 트러스를 발코니에 설치했다. 코틀은 와이어 스턴트 감독 크리스 대니얼스가 디자인한 장치를 인도의 구조 공학자에게 보여주었다. 하중을 버티는 힘이 충분한지 확인받기 위해서였다. "우리가 도착하기 한 달 전부터 장치를 만들고, 준비하고, 테스트했죠." 코틀이 말한다. "정말 엄청난 작업이었어요."

존 데이비드 워싱턴과 로버트 패틴슨은 위로 쏘아 올라가는 스턴트의 일부를 직접 소화했다. 영화 속에서 프로타고니스트와 닐은 날아오르기 전, 슈리 바르단 건물 인근에 있는 모자이크 문양의 지붕에 누워 있다. 슈리 바르단보다 낮은 이 건물은 그 높이가 18미터에 달한다. 코틀의 팀은 같은 위치에서 워싱턴과 패틴슨을 '발사'시켰고, 두 배우는 6미터를 날아올라 프레임 밖으로 사라진다. 배우들이 너무 높이 날아오르는 것을 방지하기 위해 안전 로프가 지붕에 고정되었다. "배우들에겐 어렵고 무서운 도전이었을 거예요." 코틀이 말한다. "그들에게 경의를 표합니다."

나머지 스턴트는 워싱턴과 패틴슨의 전담 스턴트맨 대니얼 그레이엄과 카일 매클레인이 소화했다. "두 사람이 바닥에 등을 대고 누워 있으면 우리가 그들을 절반쯤 쏘아 올립니다. 그다음 두 사람이 직접 건물 옆으로 밀고 나가면 다시 우리가 남은 만큼을 쏘아 올리는 식이었죠. 굉장했어요. 코틀이 회상했다. 하지만 이게 다가 아니었다. 프로타고니스트와 닐은 산제이와 그의 아내 프리야를 만난 이후, 번지점프로 건물에서 빠져나온다. 이 장면 역시 슈리 바르단 건물에서 촬영되었다.

112쪽: 주연들의 전담 스턴트맨인 대니얼 그레이엄과 카일 매클레인이 슈리 바르단 건물 벽면으로 쏘아 올라간다.

위: 스턴트 연기 사이에 잠시 긴장을 푸는 존 데이비드 워싱턴과 로버트 패틴슨.

위: 프리야가 보는 가운데 프로타고니스트와 닐이 산제이 싱의 건물에서 빠져나가고 있다.

114쪽 아래~115쪽: 번지점프 스턴트를 완수한 존 데이비드 워싱턴과 로버트 패틴슨이 매달려 있다.

워싱턴과 패틴슨은 다시 한 번 액션의 앞부분을 직접 연기했다. 이번에 그들에게 주어진 과제는 건물에서 뛰어내리는 액션과 하강의 시작 부분이었다. 2.5×3미터 너비의 작은 플랫폼이 낮은 발코니 바로 아래 설치되었다. "진짜 존 데이비드와 로버트가 뛰어내려서 그 플랫폼에 착지했어요." 코틀이 말한다. "당연히 액션 내내 와이어를 착용하고 있었죠. 그런데 진짜로 거기에 서서 직접 뛰어내리는 걸 연기하더라고요. 플랫폼에 착지한 뒤에 다시 위로 올라갔죠. 정말 멋졌어요. 크리스는 그 컷을 건진 걸 정말 기뻐했어요."

“진심으로 겁이 났어요.
정신을 잃을 뻔했죠.
하지만 그 이후엔
뭐든 소화할 수 있었어요.”

—존 데이비드 워싱턴

워싱턴의 말에 따르면, 플랫폼이 발코니에서 반 층 아래에 있어서 크게 걱정하지 않았다고 한다. 하지만 뛰어내리는 순간에는 얼마나 겁이 났는지 놀런의 연기 디렉션이 귀에 들어오지 않을 정도였다. “내가 말을 잘 못 알아듣는 걸 이상하게 생각했을 거예요.” 배우가 회상했다. “그다음 주에 얘기했죠. ‘사실 너무 무서웠어요. 아무렇지도 않은 척 빨리 찍자고 했던 건 거짓말이었어요!’ 난 진심으로 겁이 났어요. 정신을 잃을 뻔했죠.” 하지만 그 경험은 그를 더욱 강인하게 만들었다. “그 이후엔 뭐든 소화할 수 있었어요.”

워싱턴과 패틴슨이 발코니 점프 촬영을 마치자 그레이엄과 매클레인이 스턴트의 남은 부분을 수행하기 위해 바통을 터치했다. 두 스턴트맨은 점프를 하기에 앞서 감속기에 고정된 와이어를 착용했다. 아래로 뛰어내리는 스턴트를 수행할 때 흔히 하는 방법이다. “두 사람은 자유낙하를 했죠.” 코틀이 설명한다. “하강의 마지막 10미터 지점부터는 우리가 속도를 줄여 줄 수 있어요. 바닥에서 2.5미터 지점까지 오면 완전히 멈춰 세우죠.” 놀런은 결과에 대만족했다. “최고 수준의 스턴트는 보기엔 엄청 단순해 보여요. 하지만 그걸 달성하는 건 상상을 초월할 정도로 어렵죠. 그날 밤, 스턴트 팀은 훌륭하게 임무를 수행했어요.”

호이테마의 과제는 슈리 바르단 건물과 그 주변에 조명을 비추는 것이었다. “조명을 비춰야 할 공간이 너무 넓었어요.” 그가 말한다. “배경에 보이는 건물들을 밝히기 위해 몇 블록 반경에 있는 여러 채의 건물 옥상에 조명을 설치했죠.” 에스토니아에서 넘어온 스태프와 인도 현지 스태프가 함께 섞여서 일했다. “그 정도 규모에 익숙한 스태프는 한 명도 없었어요. 정말 조명이 닿기 힘든 곳까지 빛을 밝혔죠.” 그는 스태프의 부지런함에 감동했다. “불가능할 줄 알았는데 그 넓은 지역을 다 커버했어요. 우리가 기대했던 것 이상으로 해냈죠.”

신의 일부는 공중 헬리콥터에서 촬영되었다. 항공 코디네이터 크레이그 호스킹이 기장석에 앉았고, 공중 촬영 감독 한스 비에르노가 카메라를 잡았다. 스태프가 뭄바이에 도착하기 훨씬 전부터 제작 팀은 공중 촬영에 대한 허가를 받기 위해 미궁과도 같은 인도의 관료 조직을 상대해야 했다. 뭄바이 프로덕션 매니저 미카 사이토가 협상을 진행했다. "미카는 허가받기 위해 최소 석 달을 돌아다녔어요." 호스킹이 감탄하듯 말했다.

사실 이번이 처음은 아니었다. 놀런의 팀은 〈다크나이트 라이즈〉 촬영 당시 인도에서 공중 촬영 허가를 받은 적이 있었다. 당시 기술적인 이유로 기종이 같은 다른 비행기로 교체했는데, 서류상의 항공기와 일치하지 않는다며 허가가 취소되었다. 이번에는 뭄바이 주변의 군사 시설 때문에 상황이 더더욱 복잡해졌다. "촬영 직전까지 확신할 수 없었어요. 누군가가 나타나서 허가를 다시 받아야 한다고 말할 것 같았거든요!" 호스킹이 회상했다.

헬리콥터에 장착된 카메라 마운트도 문제가 되었다. "헬리콥터 마운트는 전 세계에서 쓰는 방식이지만 인도 당국의 허가를 받은 건 아니었어요." 헤이슬립이 말한다. 이는 미국 연방 항공국에 청원서를 보내 인도 당국에 편지를 써 달라고 요청해야 한다는 것을 의미했다. "정말 끝까지 갔죠." 호스킹이 말했다. 다행히도 결국 허가는 났다고 한다. "인도에서 상업 영화에 헬리콥터 촬영이 동원된 게 처음이었대요. 우리로선 큰, 정말 큰 승리였죠."

116쪽 위: 스턴트 연기를 모두 소화한 뒤 미소 짓는 존 데이비드 워싱턴.

116쪽 아래: 존 데이비드 워싱턴과 산제이 싱을 연기한 덴질 스미스가 건물 침입 장면을 찍고 있다.

오른쪽: 프고타고니스트와 닐이 위험한 등반을 준비하고 있다.

왼쪽: 스턴트를 멋지게 소화한 존 데이비드 워싱턴과 로버트 패틴슨.

CHAPTER 8

파이널 카운트다운

“이 도시에선 무슨 일이든 일어날 수 있다.
오늘은 특히 더더욱.”

— 이브스

여섯 개의 나라에서 촬영을 마친 〈테넷〉 팀은 캘리포니아에서 29일 동안 진행될 마지막 촬영을 위해 미국으로 돌아왔다. 이 일정에는 오슬로 프리포트에서의 비행기 추락 신과 스탈스크-12에서 펼쳐지는 클라이맥스 전투 신이 포함되어 있었다. “다른 방법이 있었다면 그렇게 했을 거예요.” 에마 토머스가 말한다. “마지막에 하기엔 너무 덩치가 큰 작업이었죠.” 하지만 이미 역주행 자동차 추격 신, 쌍동선 추격 신, 번지점프 신을 완수한 스태프는 균형감을 유지하고 있었다. “참 많은 걸 헤쳐 나왔죠. 말도 안 되는 일을 해냈어요.” 토머스가 말한다.

첫 관문은 호손 플라자 쇼핑센터였다. 이곳은 LA 서남쪽의 호손에 위치한 폐점한 쇼핑몰로, 얼마 전 네이선 크롤리가 HBO의 〈웨스트월드〉 파일럿 에피소드 촬영을 위해 방대한 세트를 지었던 곳이다. 〈테넷〉 팀에서 크롤리는 세 번째 회전문이 보관된 쇄빙선의 실내 세트를 이곳에 지었다. 수직으로 서 있는 이 회전문은 오슬로와 탈린 프리포트에 나왔던 것들보다 훨씬 크다.

이 회전문은 앞선 두 개와 디자인의 측면에서 많은 차이가 있다. 회전하는 드럼통 두 세트가 있는 형태인데, 한 세트가 다른 한 세트 위에 있는 구조이다. “슬롯머신의 세 바퀴가 쌓여 있는 모양이죠.” 특수효과 감독 스콧 피셔가 말한다. 그는 쇄빙선 실내 세트를 실제 크기로 짓는 임무를 부여받았다. 실제로는 위에 쌓인 드럼통 한 세트만 제작되었다. “아래쪽 드럼통들은 실제로 없었어요.” 시각효과 감독 앤드루 잭슨이 말한다. “거울 용지를 깔아서 위에 있는 걸 반사했죠.” 그 자리에 없는 드럼통들은 후반 작업에서 디지털로 덧입혀졌다.

수많은 기계 부품들이 실제로 작동하고 있어서 스턴트 팀은 회전문을 통과할 때 팔다리가 끼지 않도록 조심해야 했다. “내려다보면 위험한 곳들이 눈에 띄었죠.” 피셔가 말한다. 제작 당시에도 각별한 주의가 필요했다. “스턴트 팀이 와서 ‘이거 위험한 거 아니죠?’라고 물었어요.” 크롤리가 회상했다. “비상구, 차단장치 등 실제로 작동하는 것들이 많았거든요.”

“비상구, 차단장치 등 실제로 작동하는 것들이 많았어요.”

— 네이선 크롤리

118~119쪽: 스탈스크-12에 침입하는 테넷 병사들.

위: 폐점한 쇼핑몰인 호손 플라자. 이곳에 쇄빙선의 실내 세트가 세워졌다.

아래: 네이선 크롤리가 만든 미니어처 모델. 수직으로 개폐되는 회전문 디자인이다.

121쪽: 쇄빙선 회전문의 콘셉트 디자인과 설계도.

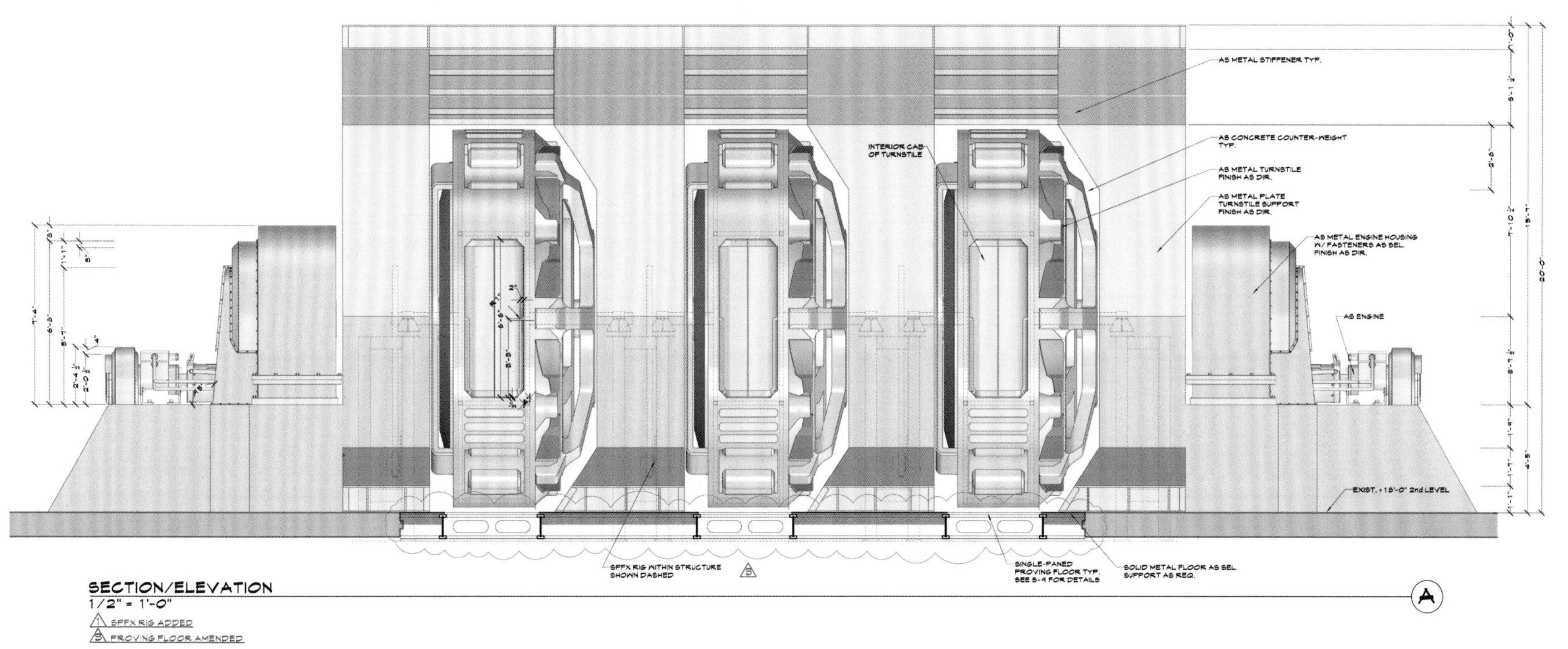
AS METAL STIFFENER TYP.
INTERIOR CAB OF TURNSTILE
AS CONCRETE COUNTER-WEIGHT TYP.
AS METAL TURNSTILE FINISH AS DIR.
AS METAL PLATE TURNSTILE SUPPORT FINISH AS DIR.
AS METAL ENGINE HOUSING W/ FASTENERS AS SEL. FINISH AS DIR.
AS ENGINE
EXIST. +18'-0" 2nd LEVEL
SFFX RIG WITHIN STRUCTURE SHOWN DASHED
SINGLE-PANED PROVING FLOOR TYP. SEE S-9 FOR DETAILS
SOLID METAL FLOOR AS SEL. SUPPORT AS REQ.
SECTION/ELEVATION
1/2" = 1'-0"
SFFX RIG ADDED
PROVING FLOOR AMENDED
A

122쪽 : 쇄빙선 회전문의 콘셉트 디자인.
위, 아래: 건설 중인 쇄빙선 회전문 세트.

"진짜 작동하는 기계예요.
햄스터 쳇바퀴처럼
사람이 숨어서 작동하는 게 아니라고요."

—로버트 패틴슨

세트장에 도착한 로버트 패틴슨은 이 복잡한 기계를 보고 입을 다물지 못했다. "이 장치는 수압으로 작동해요." 그가 말한다. "진짜 작동하는 기계예요. 햄스터 쳇바퀴처럼 사람이 숨어서 작동하는 게 아니라고요." 엘리자베스 데비키도 당시를 회상했다. "스턴트맨들이 회전문으로 들어가서 기계에 빨려드는 모습을 보고 '저건 마치 크리스의 뇌 속으로 들어가는 것 같다'는 생각이 들었어요. 한편으로는 영화적 메타포인 것 같아요."

위: (왼쪽부터 시계 방향) 쇄빙선 회전문. 엘리자베스는 이것이 크리스토퍼 놀런의 뇌라고 비유했다. ▶주연 배우인 존 데이비드 워싱턴과 대화 중인 크리스토퍼 놀런. ▼쇄빙선 내부 세트에서 촬영 중인 호이터 판 호이테마.

125쪽: 쇄빙선 회전문 앞에 줄 서서 인버트되길 기다리는 군인들.

스탈스크-12에 등장하는 네 번째이자 마지막 회전문 역시 쇼핑몰 안에 지어졌다. "크리스는 20명이 인버트되는 걸 보고 싶어 했죠. 군인들이 줄줄이 들어가서 인버트되는 거예요." 크롤리가 말한다. "그래서 출구가 여럿 달린 12미터 높이의 거대한 금속 드럼통을 만들었죠. 격자로 철사가 들어간 유리가 사용됐어요." 패틴슨은 이 회전문을 특히 좋아했다. "작은 복사기처럼 기계에서 병사들이 줄줄이 나와요." 그가 말한다.

닐과 프로타고니스트가 들어가는 화물 컨테이너 내부 시퀀스도 호손에서 촬영되었다. 탈린 프리포트에서 인버트된 두 인물이 오슬로로 향하는 장면이다. 애초에 이 세트는 작은 크기로 사전 제작되어 에스토니아로 보내졌다. 다양한 변수로 야외 촬영이 취소될 경우를 대비해 이동 가능한 실내용 세트를 예비용으로 제작한 것이다. 하지만 탈린의 날씨가 좋아서 이 세트는 사용되지 않은 채 영국으로 보내졌다. 그곳에서도 사용되지 않은 세트는 다시 덴마크로 보내졌고, 덴마크 해안의 날씨가 좋지 않았지만 사용되지는 않았다. 결국 이 세트는 미국으로 돌아왔다. "우리가 호손에서 촬영할 무렵엔 충분히 숙성돼서 상태가 아주 좋아 보였어요." 크롤리가 말한다.

위, 아래: 스탈스크-12 회전문의 콘셉트 디자인.
127쪽: 네 번째 회전문은 호손 플라자 쇼핑센터 내부에 설치됐다.

"작은 복사기처럼
기계에서 병사들이 줄줄이 나와요."

—로버트 패틴슨

호손 촬영을 마친 〈테넷〉 팀은 LA 동북쪽의 빅터빌로 향했다. 이곳에서는 남부 캘리포니아 로지스틱스 공항에서의 747 비행기 추락 장면이 촬영될 예정이었다. “실제 운영되는 공항이었기 때문에 문제가 많았죠.” 크롤리가 말한다. 비행기가 활주로를 달리면 마히르(히메시 파텔)와 로한(앤서니 몰리나리)이 파일럿들을 비상탈출 미끄럼대로 밀어 버린다. 비행기는 주차 공간을 가로질러 가며 수많은 차량을 박살 내고 하역장으로 향한다. 크롤리의 팀은 실제 건물을 기반으로, 돌출된 형태의 하역장을 만들었다. 그 안에는 로타스 건설 회사의 외벽으로 보이는 벽을 꾸몄다.

비행기는 촬영에 맞춰 몇몇 부분을 개조했다. 동체 뒷부분에 구멍이 나며 적재되어 있던 금괴들이 활주로에 쏟아져 나오는 장면을 촬영하기 위해서였다. 영화 속에서 이 장면은 프로타고니스트와 닐의 오슬로 프리포트 습격을 위한 교란작전이었다. “우리 비행기여서 마음대로 할 수 있었죠.” 피셔가 설명한다. “그래서 구멍을 뚫었어요.” 피셔의 팀은 폭발에 맞춰 손쉽게 뗄 수 있는 패널로 그 구멍을 막았다. 한편 금괴가 쏟아지는 장면은 무척 쉽게 촬영되었다. 비행기에는 화물용 롤러가 설치되어 있었다. “이미 있는 장치를 사용해서 폭발 이후에 금괴를 구멍 밖으로 내보냈죠.”

747 비행기의 원상 복구에는 전문 기술자들이 동원되었다. 조종실, 브레이크 등 많은 부분이 재조립되었다. 정확한 계산을 위해 물리학자도 동원되었다. 납치된 비행기가 주차 공간을 가로질러 하역장으로 향할 때, 브레이크가 정확히 어느 순간에 작동되어야 하는지 산출하기 위해서였다. “어느 지점에선 굉장히 과학적인 프로젝트가 됐죠.” 제작책임자 토머스 헤이슬립이 말한다. “제때 멈추지 않았으면 실제로 멕시코 대통령의 전용기가 있는 격납고에 충돌했을 거예요!”

비행기가 활주로에서 납치되는 순간을 포착하기 위해, 피셔는 견인 차량을 동원해 비행기를 주차 공간으로 끌었다. 바로 이어지는 테이크에서, 비행기는 크롤리가 지은 하역장 세트에 나타난다. 피셔의 팀은 그 순간 엄청난 규모의 폭발을 연출한다. 견인 차량을 운전한 사람은 〈다크나이트〉에서 고난도 스턴트를 선보인 짐 윌키였다. 당시 그는 조커가 운전하는 굴절식 트럭이 전복되는 장면을 직접 시연했다. 피셔의 팀원들은 바퀴 수납고에서 원격으로 비행기를 조종했다. “한 명은 방향을 맡고, 한 명은 브레이크를 맡았죠.” 피셔가 말한다.

왼쪽 위, 아래: 747 화물기 충돌 신을 위한 미니어처 모델과 설계도.

오른쪽: 비행기를 준비 중인 스태프. 클로즈업 촬영을 위해 견인 차량이 동원됐다.

129쪽: (위에서부터 시계 방향) 하역장에 충돌하는 비행기. ▼충돌 직후 호이터 판 호이테마, 닐로 오테로, 크리스토퍼 놀런. ◀747 항공기 충돌 이후의 화재 현장.

LN-WTJK
OSLO
FREEPORT
OSLO
FREEPORT

02-06
ZX 04712

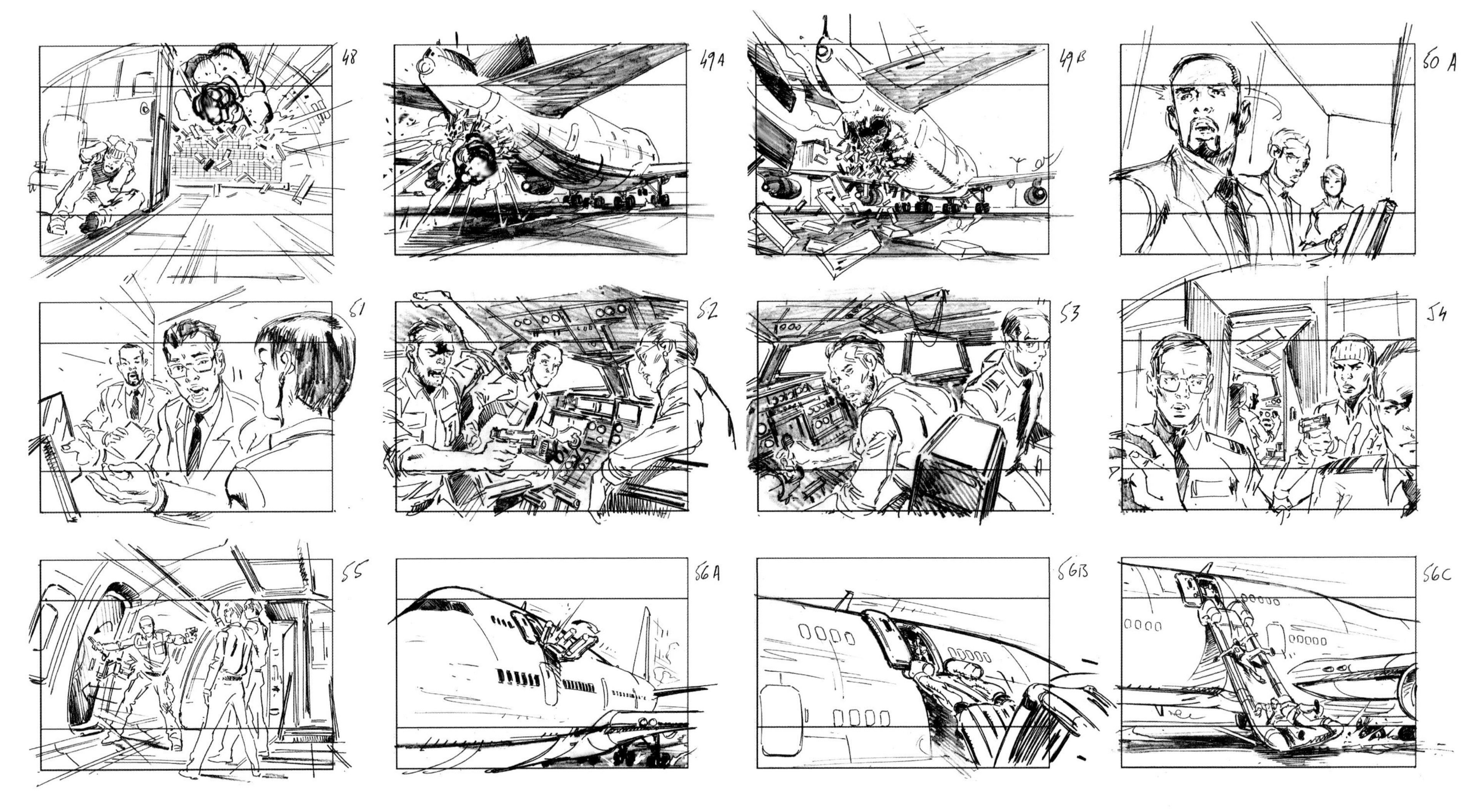
48
49A
49B
50 A
51
52
53
54
55
56A
56B
56C

PA 991204 UL
18R
19R
BAY

NORSKFRE

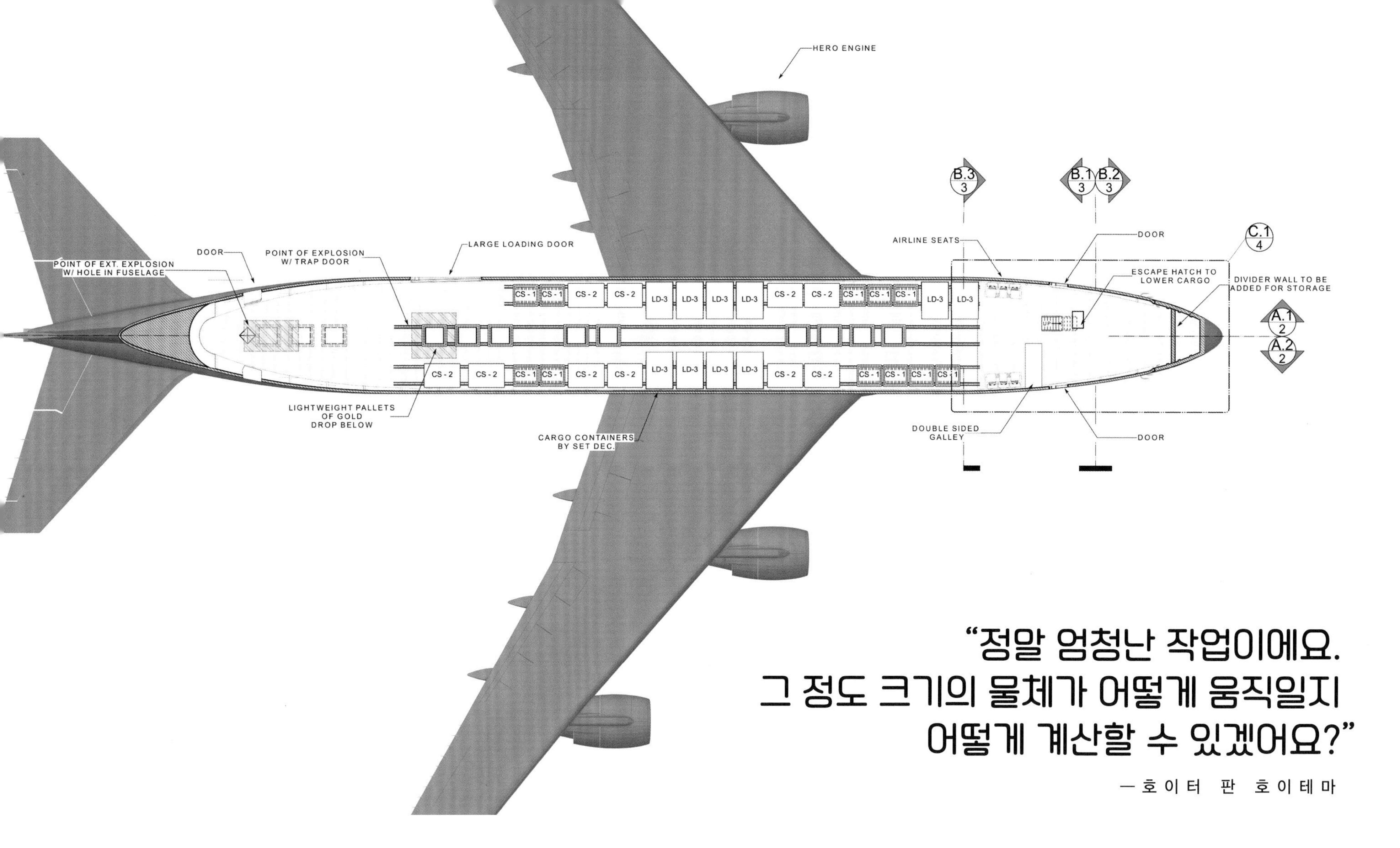

**"정말 엄청난 작업이에요.
그 정도 크기의 물체가 어떻게 움직일지
어떻게 계산할 수 있겠어요?"**

—호이터 판 호이테마

주차 공간 스턴트는 두 번 만에 성공했다. 하지만 비행기가 하역장에 들어서는 지점에서 문제가 발생했다. 이 스턴트는 단 한 차례만 시도할 수 있었기에 상황이 심각했다. "세트의 앞부분은 무너지도록 설계됐어요." 크롤리가 말한다. "반면 뒷부분은 버티도록 설계됐죠. 하지만 비행기가 정지하며 세트 전체를 밀고 지나가 버렸어요. 지붕까지 훼손됐죠." 조감독 닐로 오테로도 당시 상황을 설명했다. "실제 건물에 충돌하지는 않았는데, 우리 팀이 건물에 연장해서 지은 세트가 훼손됐죠. 새로 고치고 안전을 확보할 때까지는 촬영을 재개할 수 없었어요." 하지만 누구도 피셔와 그의 팀을 원망할 수는 없었다. "비행기를 그런 식으로 움직이는 건 골프 카트를 모는 것과는 질적으로 다르죠." 촬영감독 호이터 판 호이테마가 말한다. "정말 엄청난 작업이에요. 그 정도 크기의 물체가 어떻게 움직일지 어떻게 계산할 수 있겠어요?"

그런데 크롤리의 세트가 훼손된 것을 제외하면, 촬영은 매우 성공적이었다. 헤이슬립이 당시를 회상했다. "크리스가 화면을 보더니 '비행기가 짧게 들어간 것보다 깊숙이 들어간 게 보기 좋다'고 했어요. 결과에 만족한 거죠. 하지만 네이선과 건설 팀은 마냥 기뻐하지 못했죠."

비행기 충돌 장면을 다 찍었으니, 이제 연기자들이 잔해 속을 뛰어다닐 차례였다. 소방관과 공항 직원 역을 맡은 배우들이 불을 끄는 장면에 투입될 예정이었다. 오테로가 당시 상황에 대해 말했다. "촬영을 속행하기에는 세트장 상황이 너무 위험했어요." 다행히도 오테로는 이처럼 예상치 못한 상황에 대비해 비행기 충돌 장면 촬영을 금요일에 배치해 두었다. 돌발 상황이 생겨도 주말 동안 상황을 수습하면 월요일에 촬영을 재개할 수 있다는 계산이었다. "서둘러 세트를 수습해야 했죠." 크롤리가 말했다.

비행기 시퀀스에 배우들은 혀를 내둘렀다. "크리스가 이 모든 걸 가능하게 하는 걸 보고 있으면 정말 신기해요." 히메시 파텔이 말한다. 로버트 패틴슨은 비행기 시퀀스에 경외감이 든다고 말했다. "비행기 아래에서 달리는데 불붙은 쇳덩이들이 떨어져 나오면…… 그런 상황들은 연기에 큰 영향을 미치죠." 그가 말한다. "진짜 747 비행기를 충돌시키는 것보다 더 효과적인 방법이 어딨겠어요?"

130쪽: (위에서부터 시계 방향) 파일럿들이 조종석에서 어떻게 쫓겨나는지 묘사한 스토리보드. ▼파일럿들이 사용하는 탈출용 미끄럼대. ◀화물칸에서 투하될 금괴.
위: 747 화물기 내부 단면도.

위: 전투복에 각각 빨간색과 파란색 마크가 부착된 레드 팀과 블루 팀이 전투 개시를 기다리고 있다.

133쪽 위: 상공에서 내려다본 스탈스크-12. 이글 마운틴에 세트가 세워질 무렵 촬영됐다.

133쪽 아래: 서서히 윤곽이 드러나는 스탈스크-12.

이처럼 거사를 치른 〈테넷〉 팀은 이글 마운틴으로 이동했다. 놀런은 스탈스크-12로 둔갑할 이곳의 '지극히 위험한 환경'에 설렜다고 한다. "노천광에, 계단식 광산에⋯⋯ 참 멋져 보였어요." 그가 말한다. 이곳은 마지막 전투의 배경이 될 곳이었다. 레드 팀과 블루 팀으로 나뉜 테넷 병사들은 볼코프가 이끄는 사토르의 군대와 대면한다. 400명의 보조 출연자가 순행과 역행 액션을 혼합해 싸워야 하는 이 촬영은 난항이 예상되었다. "늘 영화의 후반부에 승부를 거는 편이죠. 후반의 복잡함을 어떻게 푸느냐가 관건이에요."

"액션을 수행할 수 있는 전직 군인들을 보조 출연자로 섭외하는 데 꽤 많은 예산을 투입했어요." 오테로가 말한다. 코틀은 일찍이 팀을 소집해 보조 출연자들과 함께 워너브라더스의 스테이지 스튜디오에서 리허설을 진행했다. 50명씩 나누어진 팀은 마치 실제 군대처럼 움직였다. "실제 필요 인원보다 두 배 정도를 섭외했어요. 그중 장면에 잘 어울리고, 임무를 잘 수행할 수 있는 인원을 선별했죠." 코틀이 말한다.

그렇게 해서 선별된 출연 인원은 촬영에 앞서 적응 기간을 갖기 위해 이글 마운틴 인근의 사막으로 이동했다. 그들은 코틀이 '거대한 시퀀스를 공략하기 위한, 매우 뛰어난 기초 작전'이라고 표현하는 훈련을 스턴트 팀과 함께 소화했다. 의상 디자이너 제프리 컬랜드는 그들의 의상에 대해 코틀에게 조언을 구했다.

"조지와 함께 출연자들의 움직임에 대해 얘기를 나눴죠." 코틀이 말한다. "의상은 어떤 편의를 제공해야 하는가? 난 무엇을 해야 하는가? 어느 부위에 여유 공간이 필요한가? 어느 부위가 늘어나야 하는가?" 유니폼에는 고어텍스, 왁스 처리된 천 등 여러 종류의 옷감이 사용되었다. 그중 공기가 통하는 고어텍스는 수분을 쉽게 증발해 주었다. 관객의 이해를 돕기 위해 빨간색과 파란색 마크가 의상에 부착되었다. 인버트되지 않은 쪽이 레드 팀이고, 인버트된 쪽이 블루 팀이다.

〈테넷〉의 미술 팀은 여름 내내 무더위를 견디며, 이글 마운틴에 스탈스크-12 마을을 건설했다. 서른 채의 건물이 LA에서 사전 제작되어 현지로 조달되었다. "작은 마을 규모였죠. 태어나서 그런 광경은 본 적이 없어요." 애런 테일러-존슨이 말한다. 이후 크롤리는 그곳에 도로 가로등, 표지판 등을 설치했다. "그런 식으로 계속해서 체르노빌의 느낌을 구현해 나갔죠." 이 세트는 스탈스크-12에서 폐기물을 뒤지는 어린 사토르의 플래시백 장면을 위해 만들어졌다.

최후의 전투에서 가장 스펙터클한 순간은 네 대의 치누크 헬리콥터가 인버트된 군인들을 실은 컨테이너를 매단 채 도착하는 장면이다. 헤이슬립은 민간 소유의 치누크 헬리콥터를 대여할 곳을 수소문했고, 결국 수송용 헬리콥터를 취급하는 몬태나 기반의 빌링스 플라잉 서비스라는 회사와 계약했다. 나흘 동안 치누크를 대여하는 계약에 한 가지 중요한 조건이 붙었다. "소방 관련 조항이었어요. 불이 날 경우, 헬리콥터는 화재 진압에 동원되기 때문에 촬영 장소를 이탈해야 했죠." 헤이슬립이 말한다. 〈테넷〉 팀이 이글 마운틴에 도착하기 얼마 전, 캘리포니아에 거대한 산불이 났고, 헬리콥터들은 촬영 기간 도중 화재 진압을 위해 소집되었다. 이 비행체들이 미국 상공을 표류하는 동안 〈테넷〉 팀은 긴급 대안을 마련해야 했다.

“우리는 기발한 아이디어를 여럿 냈죠. 크리스는 ‘그때 그건 여기에 쓰기로 했어요’ 라고 하면서 그 아이디어를 다 살렸어요.”

— 조지 코틀

호스킹은 촬영 당시 다이내믹한 고공 촬영을 위해 촬영용 헬기를 직접 조종했다. 놀런과 호이테마는 지상전을 지휘하며 일과를 보냈다. “지상 촬영이 끝났다고 생각될 때면 재빨리 크레이그가 조종하는 헬리콥터에 탑승해 공중 촬영을 이어 갔어요.” 호이테마가 말한다.

육지는 아수라장이 되어 있었다. 머리 위로는 치누크 헬기들이 날아다니고, 곳곳에서는 피셔의 팀이 설치한 폭약들이 터졌다. 수백 명의 보조 출연자들이 절규하며 뛰어다녔는데, 때로는 거꾸로도 뛰었다. 호이테마의 아이맥스 카메라가 탑재된 촬영 차량(에지 시스템을 사용)과 액션에 투입된 차량이 쉴 새 없이 먼지를 일으키며 맴돌았다. “정신없었죠.” 피오나 듀리프가 말한다. 그녀는 극 중 블루 팀을 이끄는 휠러를 연기했다. “거꾸로 움직이는 서바이벌 게임 같았어요.”

코틀은 이렇게 말했다. “우리는 기발한 아이디어를 여럿 냈죠. 크리스는 ‘그때 그건 여기에 쓰기로 했어요’라고 하면서 그 아이디어를 다 살렸어요.” 싸움 동작들이 정확한 역방향, 정방향을 지향했던 오슬로 프리포트 촬영과는 달리, 이곳에서는 비교적 자유가 허용되었다. “크리스는 우리한테 예술적 허용을 허락했어요. 결국엔 주인공들의 타임라인으로만 보게 될 거니까요. 그러니 어떤 움직임이 역방향으로 멋있어 보였다면 그걸로 족했어요. 다시 정방향으로 설명할 필요는 없으니까요.”

위: 치누크 헬기에 매달린 컨테이너에서 역방향 움직임으로 내리는 블루 팀 병사들.
아래: 레드 팀 병사 네 명이 사방으로 튀는 파편을 피해 웅크리고 있다.
135쪽: 놀라운 액션 신들을 만들어 낸 〈테넷〉 팀.

28
edge

“폭발이 일어나고, 부서진 사물들이 다시 합쳐지죠.”

—존 데이비드 워싱턴

이 시퀀스를 촬영하는 동안, 일반적인 물리 이론은 더 이상 적용되지 않았다. “폭발이 일어나고, 부서진 사물들이 다시 합쳐지죠.” 존 데이비드 워싱턴이 설명했다. 폭발했던 벙커가 원상태로 돌아가는 장면은, 실제 폭발하는 장면을 역방향으로 촬영하는 방식으로 만들어졌다. 이 효과에 섬뜩한 느낌을 더하기 위해, 연기자들이 프레임 안에 들어와 있는 상태에서 와이어가 연결된 콘크리트 덩어리들이 흩어져 나갔다. 역방향으로 촬영된 벙커 폭발 장면은 완성된 영화에서 마치 벙커가 재조립되는 것처럼 보인다.

배경 장소가 시베리아의 북서쪽이기 때문에 눈은 빠트릴 수 없는 요소였다. 세트장에 동원된 조설기는 흔히 사용하는 가벼운 분사형 거품이 아닌, 미생물에 의해 분해되는 비교적 크고 무거운 눈 조각들을 분사했다. “허공에 떠 있는 느낌보다는 떨어지는 느낌을 살리기 위해 무거운 입자를 선택했죠.” 피셔가 말한다. 이 효과는 역방향으로 촬영되었기 때문에 눈이 위로 솟구치는 것처럼 보인다.

거꾸로 감는 미학의 최고봉은 폐허가 된 건물에 로켓 추진 유탄이 순행과 역행으로 차례차례 날아가는 장면이다. “보는 방향에 따라서 윗부분은 폭발하고, 아랫부분은 원상태로 돌아가게 돼요.” 잭슨이 설명한다. 패틴슨은 이 장면을 대본에서 읽고 당연히 후반 작업에서 CG가 입혀질 줄 알았다고 한다. “현장에 갔는데 수압으로 조종되는 건물이 있었어요. 실제로 눈앞에서 벌어지고 있는 거예요.”

피셔의 팀은 환각에 가까운 이 광경을 현실화하기 위해 건물 세 채를 지었다. 10미터 높이의 메인 건물은 파괴 전후의 두 상태를 나타낼 수 있게 설계되었다. 이 건물은 마치 내부에서 폭발이 일어난 듯, 수압에 의해 무너져 앞으로 기울 수 있었다. 나머지 두 건물은 3분의 1 크기로 지은 미니어처였다. 한 채는 역방향으로 촬영되었는데, 건물 아랫부분에서 폭발이 일어나 윗부분이 내려앉도록 설계되었다. 두 번째 건물은 정방향으로 촬영되었고, 윗부분에서 폭발이 일어났다. 시각효과 팀은 카메라 앵글을 일치시켜 각각의 요소들을 하나의 숏으로 합쳤다. 그 결과 건물은 폭발한 뒤 다시 원 상태로 돌아가는 것처럼 보이게 되었다.

136쪽: 최후의 전투를 앞두고 장비를 착용한 닐과 휠러.

위: 스탈스크-12를 습격하는 레드 팀. 뒤에서 특수효과 팀 스태프가 페인트볼을 쏘고 있다.

아래: 스탈스크-12의 거리에서 흙과 파편들로 가득 찬 대형 드럼통이 비워지며 붕괴 장면이 연출되고 있다.

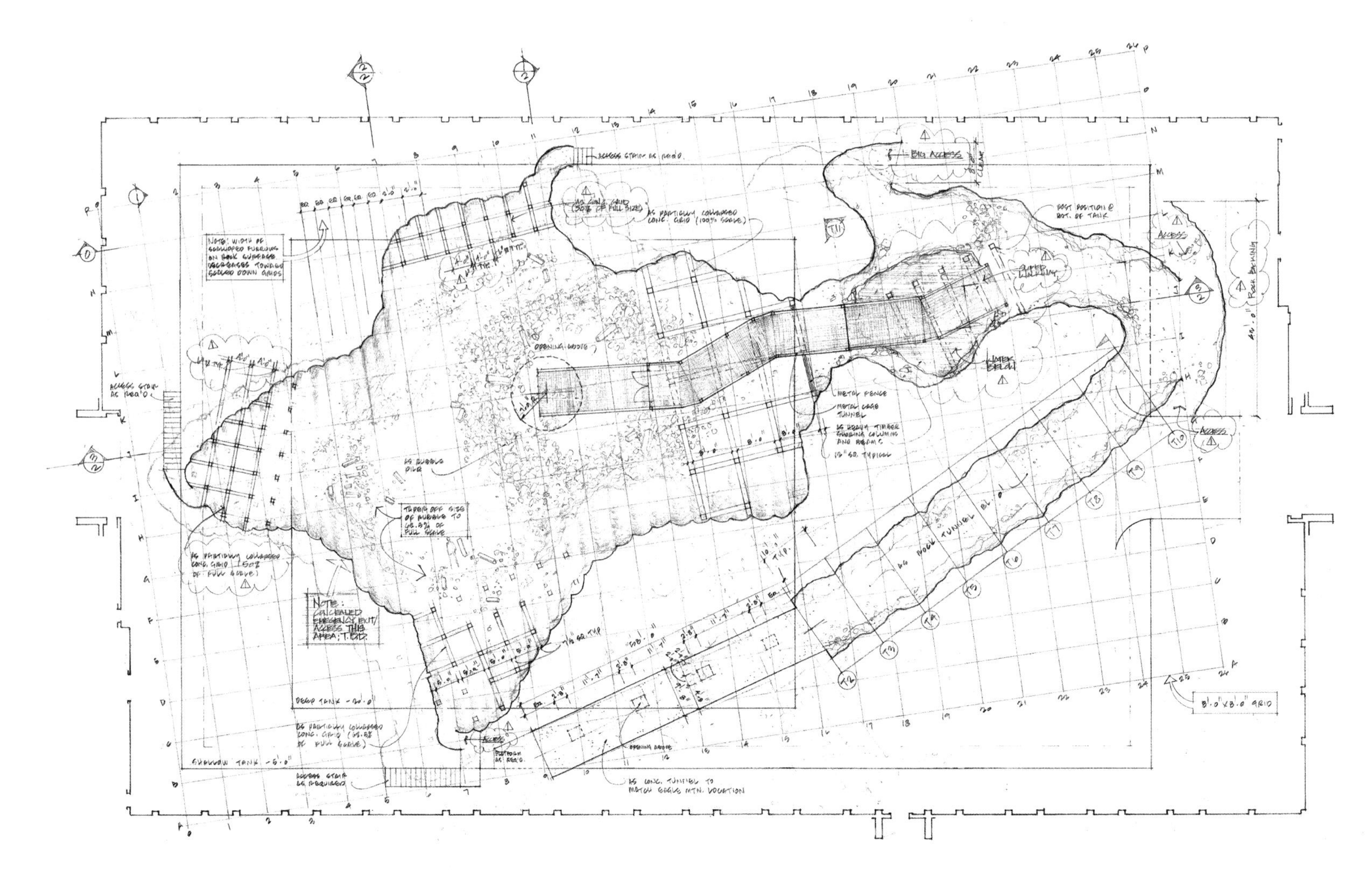

위: 하이포센터와 그곳으로 들어가는 터널의 설계도.

아래: 하이포센터 세트의 축적 모형.

139쪽: 워너브라더스 스테이지 16 세트장에 꾸며진 동굴 형태의 하이포센터.

하이포센터로 연결되는 터널의 외관도 사막에서 촬영되었다. 프로타고니스트와 그의 동료들은 알고리즘을 영원히 묻어 버릴 생각으로 이 지하 핵실험장을 찾는다. 대본에서 이브스와 프로타고니스트는 입구로 달려가지만, 커다란 폭발과 함께 터널이 무너지고 둘은 아래에 갇히게 된다. 이 신은 이글 마운틴에 지어진 콘크리트 터널에서 연출되었다. 오테로의 말에 따르면 이곳은 일반적인 방음 스튜디오보다 세 배 정도 길다. 피셔는 프로판가스, 모르타르, 폭약을 사용해 엄청난 폭발을 연출했다.

이어지는 이야기 속에서 볼코프는 주인공들을 하이포센터에 가두려 하는데, 그들이 구멍 밖으로 끌려 올라가는 순간, 두 번째 폭발이 일어난다. 4미터 너비의 구멍은 순식간에 30미터로 확장된다. 이 효과를 연출하기 위해 이글 마운틴의 거대한 흙 언덕 여러 군데가 선택되었다. "맨 아래에서 꼭대기까지 차로 15분 정도 걸렸어요." 코틀이 말한다. "우리는 버스를 운전해서 올라갔죠. 그냥 언덕 정도가 아니었어요. 정말 거대했죠."

피셔의 팀은 꼭대기에 올라가 거대한 구멍을 팠다. 지름이 21미터, 깊이가 7.5미터였다. 안에는 수압식 실린더가 설치되었는데, 가동될 경우 위에 있는 플랫폼이 아래로 무너지는 구조였다. "여러 단계로 나뉘어 있어서 떨어지는 효과를 더 크게 연출할 수 있었죠." 피셔가 말한다. 스위치가 작동되면 거대한 분화구가 남게 된다. "대형 공사였어요." 코틀이 말한다.

하이포센터의 내부는 〈덩케르크〉가 촬영되었던 워너브라더스 스튜디오 스테이지 16에 지어졌다. "할리우드에서 가장 큰 사운드 스테이지예요." 크롤리가 말한다. "높이가 30미터죠. 제임스 본드 스테이지(영국의 파인우드 스튜디오)보다 훨씬 높아요." 이 동굴 세트는 〈테넷〉 프로덕션의 야심작이었다. "기술적으로도 매우 복잡한 촬영이었죠." 오테로가 덧붙였다.

아래: 크리스토퍼 놀런과 호이터 판 호이테마가 〈테넷〉의 피날레를 장식할 장면을 준비 중이다. 닐로 오테로는 뒤에서 감독의 지시 사항을 전달하고 있다.

141쪽: 스테이지 16의 물탱크는 동굴 내의 물의 흐름을 사실적으로 묘사하는 데에 사용됐다.

〈테넷〉 팀은 이 스튜디오에 있는 대형 물탱크를 활용하기로 했다. 이 탱크는 펌프로 물을 세트 위로 보내서 떨어지는 물줄기를 연출하는 데 사용되었다. "동굴에 현실감이 더해졌죠." 크롤리가 말한다. 그는 〈배트맨 비긴즈〉 촬영 당시 '배트 케이브'를 연출할 때 이 기법을 익혔다고 한다.

하이포센터의 천장이 내려앉는 착시를 연출하기 위해, 피셔는 고압축 공기로 모르타르 등을 섞어 세트장에 폭발 장치를 설치했다. "먼지가 자욱해지는 폭발이었죠." 그가 설명한다. "크리스는 매번 있는 세트 촬영마다 최대한 뽕을 뽑자는 주의예요. '우리가 지었으니까, 폭발하고, 찍고…… 뽑아먹을 건 다 뽑아먹자!'라는 식이죠."

2019년 11월 12일, 대서사시와도 같았던 96일간의 촬영 일정은 끝이 났다. 이때 스태프는 질식하기 일보 직전이었다. 코틀은 〈테넷〉 촬영의 마지막 나날들을 〈인터스텔라〉 때와 비교했다. 당시에는 후반부의 일정이 병실 촬영에 집중되어 있었다. "내 할 일이 모두 끝나서 간식 담당을 맡았죠." 그가 웃으며 말한다. "이번에는 촬영 마지막 날까지 쉴 틈이 없었어요. 계속 달리고, 달리고, 달렸죠. 최후의 순간까지 혹독했어요."

하지만 어떤 이들에게, '끝'이란 먼 미래에나 있을 일에 불과했다.

CHAPTER 9

퍼즐 조각

"직선적인 사고밖에 못 한다면 (헬리콥터에) 타지 마."

— 이브스

〈테넷〉 촬영이 끝나자 각종 수치가 산출되었다. "우리는 아마 487킬로미터 길이의 65밀리 필름을 촬영했을 거예요." 촬영감독 호이터 판 호이테마가 말한다. "우리에게도 신기록이지만 아마 세계 신기록일 거예요." 에마 토머스는 이렇게 말한다. "편집하기엔 정말 어마어마한 분량이죠." 이 초인적인 작업을 책임질 이는 놀런 사단에 새로 영입된 편집기사 제니퍼 레임이었다.

"다른 방향으로 가는
두 개의 액션 시퀀스를 잘라서 가운데에서 만나게 한 거죠.
머리가 너무 아팠어요."

— 제니퍼 레임

레임은 노아 바움백 감독의 〈결혼 이야기(Marriage Story)〉(2019), 케네스 로너건 감독의 〈맨체스터 바이 더 씨(Manchester by the sea)〉(2017), 아리 애스터 감독의 〈유전(Hereditary)〉(2017) 등 평단의 극찬을 받은 독립영화로 경력을 쌓았다.

"기존에 했던 작업도 훌륭했고, 직접 만나 보니 너무 좋은 사람이었어요. 제니퍼에게 편집을 맡긴 건 너무나도 당연한 선택이었죠." 토머스가 말한다. "대규모 액션 영화는 해 본 적이 없으니 서류상으론 당연한 선택이 아니었을지도 몰라요. 하지만 제니퍼는 워낙 똑똑하고 능력이 있어서 잘 해낼 거라 믿었어요." 레임은 처음으로 액션 장면을 편집한 순간 전율을 느꼈다고 한다. "크리스 놀런이 아닌 다른 사람과 이런 작업을 하는 건 쉽게 상상이 안 가요."

레임은 포스트 프로덕션이 시작되기 훨씬 전부터 편집 작업을 시작했다. 탈린 촬영 당시 세트장을 찾아간 레임은 첫 임무를 부여받았다. 오슬로 프리포트 격투 신을 편집해서 역행 버전을 만드는 것이었다. "혼자서 하기엔 너무 까다로웠어요." 그녀가 회상했다. "두 신을 편집하기 위해 모니터 두 대에 한 신씩 띄워 놓고 왔다 갔다 하며 작업했죠. 같은 순간을 편집하고 있다는 걸 확인해야 했으니까요."

탈린 촬영 이후, 레임은 대부분의 현장에 참석했다. 다른 스태프와 만나 그날그날의 촬영 분량을 보기 위해서였다. 이는 밤 시간대에 고정된 일과로, 당일 촬영분을 확인하는 절차였다. "현장에 나가 일과를 마친 사람들을 만나는 건 큰 도움이 됐어요. 크리스와 짧은 대화를 나누고 전반적인 상황을 파악했죠." 그녀가 말한다. 레임이 가지 않은 현장은 뭄바이와 오슬로뿐이었다. 레임은 당시 현장에 없었던 걸 아쉬워했다. "현장에 갈 기회를 놓치기 전까진 그게 얼마나 중요한 줄 몰랐어요."

놀런은 신기록을 수립할 정도로 방대한 촬영 분량이 큰 수확이었다고 말한다. "선택할 수 있는 폭이 넓을수록 그만큼 안전성이 확보되는 거죠." 그가 설명했다. "많은 분량을 촬영한 이유는 극도로 복잡한 시퀀스들이 많았기 때문이에요. 그래야 좋은 컷을 고를 수 있거든요. 영화 속에서 같은 사건이 다른 관점으로 여러 번 나오는데, 그럴수록 커버리지도 많이 필요하고, 다양한 선택지가 필요하죠."

놀런은 〈테넷〉의 편집 작업이 힘들 수밖에 없다는 걸 인정했다. "내가 해 본 가장 힘든 편집이었어요." 레임이 말한다. 그녀는 놀런의 짜임새 있는 촬영이 편집에 큰 도움이 됐다고 말한다. "촬영된 분량이 많다고 해서 쓸모없는 테이크가 많았던 건 아녜요. 필요 이상으로 찍은 건 아니죠. '뭘 이렇게 여러 번 찍었어?'라고 느낀 적은 없었어요. 부족한 부분이 있다는 생각도 들지 않았고요."

편집자의 관점에서 볼 때 뒤섞인 타임라인과 역방향 움직임이 난무하는 〈테넷〉은 커다란 수수께끼나 다름없었다. 레임은 탈린 프리포트 시퀀스를 예로 들며 이야기를 이어 갔다.

액션이 역방향으로 바뀌기 전, 캣이 총에 맞는 장면이었다. 이때 사토르는 인버트된 자신을 바라보고 있다. "그런 장면은 처음 편집해 봐요." 레임은 한 개의 버전을 편집한 뒤, 여러 차례에 걸쳐 다듬어야 했다. "정말 어려운 과제였죠. 내가 아직 준비가 안 됐구나, 하는 생각이 들었어요!"

고속도로 추격전과 그에 해당하는 역방향 장면 또한 복잡한 퍼즐이었다. "차들이 멋지게 씽씽 달리면 되는, 그런 걸 편집하는 게 아니었어요." 그녀가 말한다. "각각의 시퀀스가 이야기를 전달해 주고 있나? 관객이 이해할 수 있게 매칭이 되고 서로를 보완해 주나? 두 시퀀스를 연결하는 게 의도에 맞나? 이런 질문들을 끊임없이 해야 했죠. 힘든 동시에 너무 재미있었어요!"

편집하기 가장 어려운 부분은 마지막 시퀀스였다. 프로타고니스트, 이브스, 레드 팀은 시간 순행으로 나아가고, 휠러, 닐, 블루 팀은 미래에서 역행으로 돌아온다. 이브스의 대사에 나오듯 일종의 '시간 협공 작전'이다. 레드 팀이 전투의 시작점에 도착하는데, 하이포센터의 폭발까지는 10분이 남아 있는 상황이다. 블루 팀은 10분 후의 미래, 즉 하이포센터가 폭발하는 때에 도착해서 시간 역주행을 시작한다.

"다른 방향으로 가는 두 개의 액션 시퀀스를 잘라서 가운데에서 만나게 한 거죠. 머리가 너무 아팠어요." 레임이 말한다. 편집을 더더욱 어렵게 만든 건 내러티브상의 세 번째 요소였다. 인버트되고 총상을 입은 캣이 사토르와 담판 짓기 위해 베트남에 있는 그의 보트에 도착한다. "어려운 부분은 무엇을 거둬 내고 무엇을 남길지 정하는 거였죠." 레임이 말한다. "그러면서도 세 개의 이야기의 비중을 똑같이 유지하는 동시에 이야기가 잘 흘러가야 해요. 관객이 각각의 이야기를 잘 이해할 수 있을지도 고려해야 했죠."

142~143쪽: 캘리포니아 사막을 걷고 있는 로버트 패틴슨과 크리스토퍼 놀런.
144쪽: (위에서부터 시계 방향) 하이포센터 세트에서 함께 걷고 있는 크리스토퍼 놀런과 제니퍼 레임. ▼편집기사의 수족과도 같은 장비들. ◀〈테넷〉 편집 작업에 착수 중인 보조 편집기사 로라 린드너.

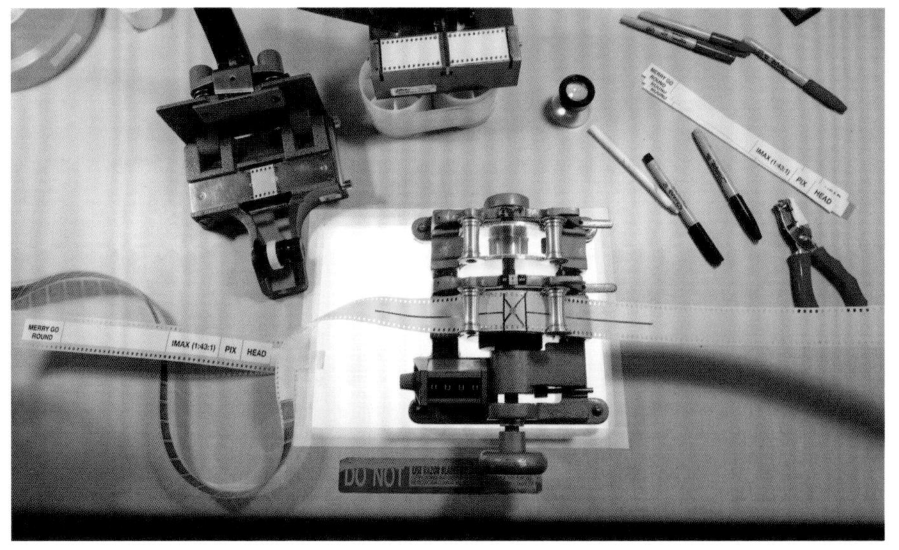
MERRY GO ROUND
IMAX (1:43:1)
PIX
HEAD
DO NOT

“크리스가 완벽주의자는 아니거든요.”

—앤드루 잭슨

레임이 LA에서 편집에 열중하는 동안 앤드루 잭슨은 자신의 팀원들과 함께 런던의 DNEG(〈배트맨 비긴즈〉 때부터 놀런과 협업해 온 시각효과 회사)에서 일하고 있었다. 놀런과 호이테마는 최대한 인카메라 에디팅(촬영 당시 시퀀스를 순서대로 촬영하는 방식)으로 촬영한 필름을 잭슨의 시각효과 팀에게 전달했다. 크게는 와이어 등 스턴트와 특수효과에 사용된 이야기에 무관한 장치들을 지우는 것이 그들의 임무였다. 가령 뭄바이의 번지점프 장면에서는 트러스 장치와 스캐폴딩을 지우는 것이었다.

반대로 디지털 복구가 필요한 요소들도 있었다. F50 쌍동선 장면 촬영 당시, 일부 장면들은 안전상의 이유로 돛대와 돛이 제거된 채 다른 배에 견인되어 촬영되었다. 와이트섬 인근에서 촬영된 영상에 아말피에서 촬영된 분량을 섞는 작업도 있었다. 놀런이 시각효과를 절제한다고 했던 것은 모든 숏에 아말피의 배경을 CG로 넣지는 않겠다는 것을 의미했다. “크리스가 완벽주의자는 아니거든요.” 잭슨이 말한다.

현장 상황에 따라 실용적 측면을 중심으로 촬영된 장면에 세부적인 디테일을 넣는 과정도 있었다. 가령 747 비행기 충돌 장면에서 실제 비행기는 견인된 상태로 주차 공간과 하역장으로 끌려갔다. 잭슨의 팀은 비행기가 나무와 물 등을 지나칠 때 제트 엔진이 실제로 작동하는 것처럼 보이도록 효과를 넣었다. 고속도로 추격전의 경우 클로즈업으로 잡힌 자동차 바퀴가 돌아가는 장면이 보정되었다. “역방향으로 재생했을 때 먼지가 반대로 튀도록 보정했죠.”

극도로 복잡한 스탈스크-12의 전투 장면에도 이들의 손길이 닿았다. 잭슨의 시각효과 팀은 눈송이가 거꾸로 올라가는 듯 역방향으로 촬영된 영상에, 위로 올라가는 눈송이를 추가했다. 스탈스크-12의 눈 내리는 장면은 오직 예쁘게 보이기 위해 만들려고 한 것이 아니었다. 이 요소는 시퀀스 내내 관객이 어떤 타임라인을 보고 있는지, 그리고 인물들이 순행하고 있는지 혹은 역행하고 있는지 알려 주는 힌트로 작용한다. “레드 팀이 앞으로 가고 있으면 눈이 아래로 내려요.” 잭슨이 설명했다. “블루 팀으로 화면이 전환되면 눈이 위로 올라가죠.”

잭슨과 달리 〈테넷〉의 음향 편집을 맡은 리처드 킹(〈프레스티지〉 때부터 놀런과 협업)은 촬영 현장에 나오지 않았다. 대신 그는 이글 마운틴을 포함한 주요 로케이션에 음향 팀 멤버들을 파견해 치누크 헬기, Mi-8 헬기 등의 소리와, 전투 장면의 현장음을 채집했다. 사우샘프턴의 F50 쌍동선 촬영지에서는 선체에 마이크를 장착해 보트가 내는 특유의 울부짖는 소리를 채집했다.

촬영이 끝나자 킹은 음향 녹음 기사들을 섭외해 오슬로, 뭄바이, 탈린 등 주요 로케이션의 환경음을 채집했다. 촬영된 영상을 본 뒤에는 도로 소음, 군중 소리, 심지어 특정 지역의 방언 등 보충해야 할 소리들을 수집했다. “특정 장소에서 들릴 법한 실질적인 소리가 있으면 좋아요. 각각의 장소와 상황에 개성을 입히는 게 목표죠.”

배경음을 다 수집한 킹은 본격적인 후반 작업을 시작했다. “초반에 놀런과 나눈 대화의 초점은 ‘인버트된 세계의 소리는 어떨지, 인버트된 자와 그렇지 않은 자 사이에 보이지 않는 경계가 있다면 소리가 그곳을 어떻게 통과할지’ 등이었어요.” 킹이 말한다. 한편 놀런은 이렇게 설명한다. “복잡한 이야기를 전달하는 데 소리가 관객들의 이해를 돕기를 원했어요. 단단한 현실을 구축하지 못하면 주구장창 카메라 트릭과 시각효과를 보여 주는 꼴밖에 안 되죠.”

촬영 기법과 다른 효과들이 그랬듯, 사운드 믹싱 작업도 단순히 소리를 반대로 재생하면 해결될 정도의 단순한 문제가 아니었다. 음향 편집자와 놀런은 정방향으로 재생되는 소리를 역행 움직임에 사용하자는 결론에 다다랐다. “사건이 연속해서 나열되는 상황이라면 권총을 쐈을 때 정방향의 소리가 차례차례 나죠.” 킹이 설명한다. 하지만 역행일 경우, 관객이 듣는 소리는 총알이 타깃에 맞는 소리, 약실에서 폭발이 일어나는 소리, 방아쇠를 당기는 소리 순이다.

킹은 각 효과음의 여음을 역방향으로 재생하는 시도도 했다. “총성, 폭발음, 주먹으로 때리는 소리 등은 저마다의 반사음이 생기죠. 메아리와도 비슷해요. 아주 미세하게 들리는 메아리죠.” 그가 말한다. 서브우퍼 두 대와 PA 스피커 한 대가 사운드 스테이지에 설치되었다. 효과음이 재생되면 녹음되는 과정이 반복되었다. “편집 과정에서 효과음의 여음을 역행하는 거죠.” 킹이 말한다.

146쪽: (시계 반대 방향) 샌프란시스퀴토 캐니언에 위치한 사격장. 이곳에서 총성으로 쓰일 효과음이 채집됐다. ▼콜트 카빈. 223 라이플. 녹음에는 공포탄이 사용됐다. ▼마이크가 장착된 BMW M5 차량. ▶작업을 위해 스튜디오로 향하는 음향 팀. (왼쪽에서 오른쪽으로) 효과음 녹음 기사 존 파살, 음향 편집자 리처드 킹, 효과음 녹음 기사 에릭 포터, 효과음 편집자 랜디 토레스.

현장에서 이미 녹음된 총기, 자동차, 보트 등의 소리 중 일부는 다시 녹음되었다. 스탈스크-12 전투 장면을 예로 들면, 킹은 캘리포니아 남부의 샌 프란시스퀴토 캐니언에 있는 사격장에서 AK-47 등의 다양한 자동화기가 공포탄을 발사하는 소리를 녹음했고, LA 북부의 작은 공항에 있는 5.6킬로미터 길이의 활주로를 대여해 영화에 등장하는 '영웅급' 차량의 소리를 녹음했다. 이때 오디션을 통과하지 못한 차도 있었다. 닐이 운전하는 BMW 5 시리즈는 소리가 너무 지루하다는 이유로 BMW M5와 교체되었다.

회전문이 작동될 때 나는 소리처럼 〈테넷〉 세계관만의 독특한 효과음도 있었다. 킹은 미래적으로 들리는 효과음을 사용하는 대신, 거대한 산업용 기계들이 내는 소리를 녹음했다. "안에서는 마법이 일어나고 있지만 정작 밖으로 특별한 소리가 나는 건 아니죠." 그가 말한다. 인버트된 대사의 경우, 킹은 단순히 배우의 대사를 역방향 재생하는 방식을 택했다.

영화 속 인물들은 인버트된 자아가 하는 거꾸로 된 말을 해석하기 위해 이를 해석해 주는 휴대폰 어플을 사용한다. 관객의 이해를 도와주는 이 설정 덕에, 킹은 매번 역으로 재생되는 효과를 쓰지 않아도 되었다.

위: 퍼커션 연주자 브라이언 킬고어와 녹음 중인 루트비히 괴란손.

아래: 모듈러 신스를 사용해 〈테넷〉의 사운드트랙에 사용될 독특한 일렉트로닉 사운드를 찾고 있는 루트비히 괴란손.

149쪽 위: 이글 마운틴에서 루트비히 괴란손에게 농담을 건네는 존 데이비드 워싱턴.

149쪽 아래: 루트비히 괴란손과 존 데이비드 워싱턴. 오슬로 프리포트 세트에서.

킹이 효과음 작업에 열중하는 사이, 루트비히 괴란손은 작곡에 몰두했다. 놀런은 〈덩케르크〉 때와 마찬가지로 효과음과 음악의 견고한 조화에 특별히 신경 썼다. "음향을 보다 음악적으로 접근할수록, 음향에 대한 기대치를 음악으로 풀어낼 수 있는 폭이 넓어져요." 놀런이 말한다. "어떻게 하면 음악과 음향이 만나는 최고의 접점에 도달할 것인지를 고민하고, 또 고민하죠."

제니퍼 레임처럼 루트비히 괴란손도 놀런 사단에는 이제 갓 합류한 새내기였다. "우리는 루트비히의 음악을 흠모해 왔어요." 에마 토머스는 아카데미 음악상을 받은 〈블랙 팬서(Black Panther)〉(라이언 쿠글러 감독, 2018), 〈크리드(Creed)〉(2015), 〈크리드 2(Creed II)〉(2018) 외에도 힙합 아티스트 차일디시 감비노와의 컬래버레이션을 예로 들며 칭찬을 아끼지 않았다.

"루트비히는 새로운 사운드를 찾는 훌륭한 귀를 가졌어요. 이 프로젝트에서 중요하게 여겨지는 부분이죠." 놀런이 덧붙였다. "신선한 동시에 계속해서 활기를 북돋는 음악을 만들어요." 놀런은 기존의 영화 음악에서 그랬듯 〈테넷〉에서도 새로운 시도를 감행했다. "한계를 뛰어넘는 시도를 하는 게 오히려 안정적으로 느껴져요." 그가 말한다. "루트비히는 새로운 시도에 전혀 위축되지 않죠. 그의 곡들을 들으며 느낀 거예요. 그와 작업하고 싶어진 이유이기도 하죠. 〈테넷〉에서 그가 선보일 음악은…… 정말 파격적입니다."

〈테넷〉에 나오는 인버트의 개념은, 괴란손에게 음악 역사를 공부하고 역행(retrogade)을 연구할 기회를 제공했다. 음악에서 역행이란 음의 높낮이, 리듬, 심지어 음표의 물리적 상마저 뒤집는 것을 말한다. "바흐는 이미 400년 전에 역행 작곡법을 연구했어요." 괴란손이 말한다. 그는 연구하던 중 '앞으로도, 뒤로도 똑같이 들리는 곡을 작곡하려면 어떻게 해야 할지'를 고민했다고 한다.

시나리오를 읽은 괴란손은 촬영이 시작되기도 전에 작곡을 시작했다. “일주일에 10분에서 15분 분량의 음악을 만들었어요.” 그가 회상한다. 놀런은 두 달에 걸쳐 2주에 한 번씩 진행된 미팅에서 괴란손에게 힘든 숙제를 내주었다. “자기가 예상할 수 없는 음악을 들려 달라고 했어요. 초반에 들려준 음악은 열 번, 스무 번, 서른 번을 듣고 난 뒤에 좋다고 했어요. 전에 들었던 음악과는 조금 다르게 느껴졌나 봐요.”

놀런은 괴란손이 기타를 사용해 실험한 점이 특히 마음에 들었다고 한다. 기타 소리는 왜곡되어 신디사이저에 가까운 소리를 냈다. 괴란손은 퍼커션도 사용했는데, 주로 기타에 사용되는 이펙터를 통해 변형된 소리였다. “유기적인 요소들을 가지고 전에 들어 본 적 없는 소리를 만드는 거죠.” 그가 말한다.

이러한 점은 주인공의 테마에 크게 반영되었다. “처음으로 오간 대화에서 크리스는 프로타고니스트의 테마를 원한다고 했어요.” 괴란손이 말한다. “다섯 개에서 열 개 정도의 조곡을 썼어요. 크리스는 그중 하나에 나오는 테마를 특히 좋아했죠. 정확한 음들과 사용된 악기를 예로 들며 말했어요. ‘여기에 나오는 기타 파트를 주인공 테마로 썼으면 좋겠어요.’ 그래서 영화 내내 그 테마를 사용했죠.”

사토르의 테마는 핵과 관련된 인물의 배경을 고려해, 디스토션이 들어간 인더스트리얼 계열의 소리를 중점으로 실험이 이루어졌다. 괴란손과 놀런은 방사능에 손상된 사토르의 숨소리를 음악에 녹여 넣기로 했다. “크리스는 길고 신경질적인 숨소리를 넣자고 했어요. 그래서 내 숨소리를 녹음했는데 별로 신경질적으로 들리지 않았죠. 크리스는 이런 소리를 원한다며 계속해서 시범을 보였어요. 그래서 내가 ‘그러면 직접 숨소리를 녹음하지 그래요?’라고 했죠. 그래서 크리스는 스튜디오로 가서 정말 신경질적으로 들리는 숨소리를 녹음했어요!”

괴란손은 촬영 첫 주에 오슬로 프리포트와 이글 마운틴을 찾아가 놀런이 작업하는 모습을 보며 큰 영감을 얻었다고 한다. 괴란손은 군악대에서 사용하는 스네어 드럼과, 힙합 음악에서 주로 사용하는 808 베이스 드럼 소리를 섞었다. “색다르고 미래적인 소리를 만들고 싶었어요. 영화에서 들어 본 적이 없는 소리를 만들고 싶었죠.” 그가 말한다. “하지만 멜로디와 하모니는 이야기가 지닌 정서에 맞추려고 했어요.”

편집이 시작되자 괴란손은 놀런의 팀이 보낸 특정 영상들을 바탕으로 작곡하기 시작했다. 감독이 곡과 장면을 접목해서 보여 주자 작곡가 본인도 놀랐다고 한다. “직접 보니까 정말 멋졌어요. 그렇게 쓰일 줄은 몰랐는데 정말 딱 맞아떨어지더라고요.” 괴란손이 말한다. “그걸 보니 새로운 아이디어가 막 떠올랐어요.”

첫 녹음은 2019년 11월에 워너브라더스에서 진행되었다. 이후 괴란손은 2020년 초까지 아이디어를 확장하며 작곡을 이어 갔다. 곡들은 대부분 일렉트로닉 장르지만, 공포감과 불길한 기운이 감도는 〈테넷〉의 종말론적 느낌을 반영해 오케스트라적인 요소도 들어갔다. 가령 캣의 테마는 현악기를 베이스로 삼는다. “일렉트로닉 곡에 인간적인 손길을 더하면 모든 것이 격상되죠.” 그가 말한다. “기술적인 것에 인간미를 더하는 이 아이디어는 〈테넷〉의 테마로 완벽한 것 같아요.”

CHAPTER 10

임무 완료

"이 아름다운 우정의 끝이네."

— 닐

2019년 8월, 〈테넷〉의 장면들이 처음으로 대중에 공개되었다. 〈분노의 질주: 홉스&쇼(Fast & Furious Presents: Hobbs & Shaw)〉의 상영 전에 예고편이 나간 것이다. 이 수수께끼 같은 영상 속에서, 프로타고니스트는 오슬로 프리포트를 배경으로 총알 자국이 나 있고 연기가 피어오르는 유리를 살펴본다. 12월에는 공식 트레일러가 공개되었다. 〈스타워즈: 라이즈 오브 스카이 워커(Star Wars: The Rise of Skywalker)〉 아이맥스관 상영에 앞서 공개된 7분 분량의 영상에는 키예프 오페라하우스 프롤로그 장면이 소개되었다.

150~151쪽: 아직 벌어지지 않은 총격전의 흔적을 살피는 프로타고니스트.

위: 오슬로 촬영 당시 로버트 패틴슨에게 다음 장면을 설명하는 크리스토퍼 놀런.

153쪽: 쇄빙선 세트장에서 크리스토퍼 놀런에게 농담을 건네는 존 데이비드 워싱턴.

팬들은 즉시 〈테넷〉과 관련된 글들을 게시했다. 어떤 이들은 이 영화가 사토르 마방진(다섯 개의 단어–*tenet, sator, opera, arepo, rotas*–가 적힌 사각형. 폼페이 유적에서 발견되었다)과 관련되어 있다고 추측했다. 사토르 마방진의 단어들은 모두 놀런의 영화와 연관성을 띤다. (Rotas는 오슬로 프리포트에 위치한 건설 회사의 이름이고, Arepo는 영화에는 등장하지 않지만 프로타고니스트의 대사 중, 고야의 모작을 그린 스페인 화가의 이름으로 언급된다.)

온라인상의 열띤 토론에도 불구하고 〈테넷〉의 비밀은 끝내 노출되지 않았다. "대본을 철저하게 감췄죠." 제작책임자 토머스 헤이슬립이 말한다. "크리스가 꼭 필요하다고 느낄 때만 그 사람을 사무실로 불러서 읽게 했어요. 대부분의 해외 스태프는 대본을 본 적이 없어요."

〈테넷〉은 놀런의 전작인 〈인셉션〉, 〈메멘토〉, 〈프레스티지〉처럼 퍼즐과도 같은 구조를 띤다. 따라서 팬들은 엔딩 크레딧이 다 올라간 후에도 열띤 토론을 할 것으로 예상된다. "'한 번 더 봐야겠어'라는 말이 절로 나오는, 머리 아픈 영화가 될 거예요." 헤이슬립이 말한다. "확실한 건 제임스 본드 영화와는 다르다는 거죠."

첩보물 형식을 띠고는 있지만, 〈테넷〉이 그 자체로 하나의 카테고리를 형성했다는 사실에는 의심의 여지가 없다. "굉장히 오랫동안 이 영화에 대한 밑그림을 구상해 왔어요. 영화계에서 많이들 적용하는 콘셉트이기도 하죠. 그래서 어찌 보면 첩보물이라는 기존의 장르에 우리 영화도 묻어간다고 볼 수 있어요." 놀런이 말한다. "첩보물이라는 하나의 장르를 도약대로 활용해, 더 큰 세계로 뻗어 가는 거죠. 〈인셉션〉이라는 초현실적인 세계에 하이스트 장르를 붙인 것과 같은 맥락이에요."

촬영감독 호이터 판 호이테마는 〈테넷〉이 다양한 관객층이 즐길 수 있는 영화라고 말한다. "전통적인 형식의 영화라고 생각해도 극장에 가서 재미있게 볼 수 있을 거예요. 전통적인 액션 첩보물인 건 사실이죠. 하지만 보다 보면 다른 차원으로 빨려 들어갈 수도 있어요. 그런 관객이 많기를 바랍니다. 액션과 연기로 전달되는 전통적인 스토리텔링이, 그 아래에 감춰진 복잡한 주제보다 더 드러나 있어요."

놀런이 '종말론적 감성'으로 덮여 있다고 표현하는 〈테넷〉은 정치, 격변의 역사, 과학 발전의 위험성, 환경 파괴 등의 동시대적 주제를 다루고 있다. 그렇다고 해서 교훈적인 메시지를 전달할 의도는 없었다고 한다. "크리스는 영화를 통해 메시지를 전달하는 것에 관심이 없어요." 에마 토머스가 말한다. "그저 관객과 자신에게 와닿는 영화를 만들고 싶어 하죠."

이 모든 것을 하나로 묶어 주는 것은, 놀런의 진보성을 감안하더라도 획기적이라고 말할 수밖에 없는 이 영화의 구조일 것이다. 하나의 회문(역순으로도 같은 말이 되는 말)으로서의 영화, 즉 그 안에서도 때로는 역방향으로 움직이는 지점이다. "이렇게까지 복잡한 이야기를 만든 선례는 아마 없을 거예요." 시각효과 감독 앤드루 잭슨이 말한다. 조감독 닐로 오테로는 이렇게 덧붙인다. "콘셉트라는 측면에서 봤을 때 크리스가 만든 가장 야심 찬 영화일 거예요. 저 자신도 매우 자랑스럽게 생각하는 영화죠. 너무, 너무 자랑스러워요."

〈테넷〉은 놀런이 가진 능력의 절정을 보여 준다. 한편 감독은 출연진과 스태프에게 이미 높아져 있는 자신들의 기대치를 더더욱 높이라고 독려했다. "〈인터스텔라〉, 〈덩케르크〉처럼 최고 수준의 영화라고 말하고 싶어요. 배트맨 영화보다는 만들기 힘들었죠." 프로덕션 디자이너 네이선 크롤리가 말한다. "크리스는 나이가 들수록 감독으로서 더 많은 걸 주문하는 성향이 있어요. 그와 전작들을 같이 만든 사람들에겐 딱히 나쁜 일은 아니죠!"

즐길 요소들이 넘쳐나는 〈테넷〉은, 오테로의 표현을 빌리면 '전통적 영화의 재발명'으로 기억될 것이다. 이 영화에서 놀런은 카메라를 통해 세상을 바라보는 새로운 방법을 선보였다. "우리는 카메라가 자유를 주기 전까지 시간의 지각에 갇혀 있어요. 이 프로젝트의 본질은 영화적 사고와 관련이 있죠. 바로 카메라가 제공하는 '시간을 시각화하는 방법'의 해방이죠." 놀런은 다음과 같은 말로 결론지었다. "이 말을 꼭 하고 싶네요. 영화를 반드시 '봐야' 해요. 꼭 보세요."

맺음말
케네스 브래나

'선견지명이 있다(visionary)'는 말은 영화계에서 남용된 경향이 있지만, 동시에 크리스토퍼 놀런을 간단명료하게 표현하는 말이기도 하다. 지난 20년 동안 그의 '비전'은 영화 관객들을 사로잡았다.

주제의 측면에서 그의 작품들은 시간의 앞뒤를 오간다. 그리고 그의 작업 방식은 전통적인 것과 동시대적인 것, 미래의 양식을 모두 포괄한다.

〈테넷〉에는 동원 가능한 모든 영화 기법이 각 이야기의 비전을 제시하기 위해 사용됐다. 놀런의 작품 중에서도 〈테넷〉을 능가하는 단일 작품을 떠올리기는 쉽지 않다.

나는 이 영화에 출연하는 어마어마한 특권을 누렸다. 놀런의 작업에서는 아마도 일반적일 방식일 텐데, 감독은 인쇄된 대본을 나에게 직접 배달했다.

그래서 난 대본을 읽었다.

그리고 한 번 더 읽었다.

한 번 더.

한 번 더.

영화를 만드는 과정 내내 읽었고, 그 어느 작업 때보다 대본을 많이 읽었다.

혼란스러워서, 혹은 이해가 안 돼서가 아니었다. 오히려 그 반대다. 나는 이 뻔뻔함에(그렇다. 이 단어를 꼭 쓰고 싶다) 큰 충격을 받았다. 그 뻔뻔함은 나를 자석처럼 끌어당겼고, 나는 그 복잡하고 매력적인 우주로 빨려 들어갔다.

크리스토퍼 놀런의 영화는 겹겹의 의미들로 관객에게 기쁨을 선사한다. 이 말은 직설적인 동시에 은유적이기도 하다. 〈테넷〉이라는 창의적 양파의 껍질을 벗기는 일은 볼거리가 넘쳐나고, 압도적이면서, 유쾌하고, 재미있는 이야기 속으로 빨려 들어가는 것을 의미한다. 이 영화는 내가 경험해 본 가장 재미있는 이야기로 구성되어 있다.

내용을 폭로할 수 있는 권한이 있다고 해도 난 미래의 관객들에게서 '모르기에 누릴 수 있는 첫 만남의 즐거움', 즉 크리스토퍼 놀런의 영화를 처음 볼 때 누릴 수 있는 기쁨을 빼앗고 싶은 생각이 전혀 없다.

다시 말해 이 영화감독은 블록버스터 영화에서 독창성과 대담함을 기대하는 관객들이 더할 나위 없이 만족하길 원한다.

이 여행은 세상에 하나뿐인 대본에서 출발했다. 그렇다면 놀런은 자신의 야망을 어떻게 현실화했을까?

우선 근면성을 들 수 있다. 그는 대부분 촬영장에 가장 먼저 나와서 마지막으로 떠난다. 그는 오랜 시간에 걸쳐 신뢰를 쌓은 업계 최고의 동료들과 함께한다. 그는 그들에게 쉴 새 없이, 그리고 가차 없이 요구한다. 불친절한 것은 아니지만 타협하지 않는 것만은 확실하다.

그의 동료들은 그가 무언가에 홀린 사람이라는 걸 안다. 그는 작업 내내 영화와 하나가 되어 있다. 시간이 지나면 동료들은 그가 '비전'이라는 귀신에 씌었다는 사실을 받아들이고, 그와의 작업을 포용한다.

촬영장 밖에서 그에게 가장 중요한 것은 가족이다. 그가 엄청난 양의 업무를 소화하면서도 균형을 잃지 않고 행복을 전염시키는 것은 바로 이 때문이다.

프로듀서인 에마 토머스는 감독에게 개인적으로, 또 예술적으로 말로 표현할 수 없을 정도로 도움을 주었다.

'테넷'이라는 단어는 다양한 방법으로 설명될 수 있을 것이다. 하지만 이번 경험을 통해 나는 그것을 하나의 원칙이라 정의하고 싶다.

크리스토퍼 놀런은 원칙에 입각한 지조 있는 예술가이며, 뛰어난 한 인간이며, 선견지명이 있는 사람이다.

힘든 시기에 봉착한 이 세계에서, 그의 대서사시와도 같은 꿈은 전 세계의 극장을 찾는 관객들에게 좋은 친구가 되어 줄 것이다.

〈테넷〉, 난 그 신념에 박수를 보낸다.

Kenneth Branagh

154쪽: 희대의 악역 사토르를 연기한 케네스 브래나.

156쪽: 이글 마운틴 현장에서 잠시 생각에 잠긴 크리스토퍼 놀런.

First Published by Insight Editions, San Rafael, California, in 2020.

테넷: 메이킹 필름 북

초판 1쇄 발행 2020년 8월 28일

지은이 | 제임스 모트람
옮긴이 | 최영열
발행인 | 강봉자, 김은경
펴낸곳 | (주)문학수첩
주소 | 경기도 파주시 문발로 214-12(문발동 511-2) 출판문화단지
전화 | 031-955-4445(마케팅부), 4500(편집부)
팩스 | 031-955-4455
등록 | 1991년 11월 27일 제16-482호

홈페이지 | www.moonhak.co.kr
블로그 | blog.naver.com/moonhak91
이메일 | moonhak@moonhak.co.kr

ISBN 978-89-8392-822-1 03680

이 도서의 국립중앙도서관 출판예정도서목록(CIP)은 서지정보유통지원시스템 홈페이지(http://seoji.nl.go.kr)와 국가자료종합목록 구축시스템(http://kolis-net.nl.go.kr)에서 이용하실 수 있습니다. (CIP제어번호 : CIP2020020979)

*파본은 구매처에서 바꾸어 드립니다.

감 사 의 말

우선 인사이트 에디션스의 편집자 크리스 프린스에게 무한한 감사의 말씀을 전합니다. 내가 뒷걸음 치려고 할 때 당신은 나를 앞으로 내딛게 해 줬어요.

기꺼이 자신들의 시간을 할애한 (때로는 한 번 이상) 〈테넷〉 팀에 진심 어린 감사의 말씀을 전합니다. 크리스토퍼 놀런, 에마 토머스, 닐로 오테로, 네이선 크롤리, 호이터 판 호이테마, 토머스 헤이슬립, 제프리 컬랜드, 조지 코틀, 스콧 R. 피셔, 닐 안드레아, 루이자 아벨, 크레이그 호스킹, 루트비히 괴란손, 존 팝시데라, 스티브 게르케, 제니퍼 레임, 앤드루 잭슨, 리처드 킹, 이언 클라크. 여러분이 없었으면 이 책은 존재하지 않았을 거예요!

신카피 프로덕션의 앤디 톰슨에게 특별히 감사의 말씀을 전합니다. 위에 열거한 수많은 이들을 만나게 해 줬을 뿐 아니라, 〈테넷〉과 관련된 해박한 지식을 공유해 주셨습니다. 또한 이 책에 실린 멋진 사진들을 제공해 주신 사진작가 멀린다 수 고든에게도 감사의 말씀을 전합니다. 그 사진들을 신속히 전달해 준 로건 내시에게도 감사드립니다.

각자의 자리에서 어시스턴트 업무를 훌륭히 이행한 홀리 쿡, 모니카 소넌드, 대릴 버불리스-제섹에게 감사드립니다. 다방면으로 도움을 준 워너브라더스의 조시 앤더슨, 빅토리아 셀로버, 셰인 톰슨에게도 감사하다는 말씀을 드립니다. 무엇보다도 존재만으로 나에게 도움이 되어준 줄리 셰퍼드에게 감사의 인사를 전합니다.

REPLANTED PAPER

Insight Editions, in association with Roots of Peace, will plant two trees for each tree used in the manufacturing of this book. Roots of Peace is an internationally renowned humanitarian organization dedicated to eradicating land mines worldwide and converting war-torn lands into productive farms and wildlife habitats. Roots of Peace will plant two million fruit and nut trees in Afghanistan and provide farmers there with the skills and support necessary for sustainable land use.